T0194535

essentials

essentials liefern aktuelles Wissen in konzentrierter Form. Die Essenz dessen, worauf es als „State-of-the-Art" in der gegenwärtigen Fachdiskussion oder in der Praxis ankommt. *essentials* informieren schnell, unkompliziert und verständlich

- als Einführung in ein aktuelles Thema aus Ihrem Fachgebiet
- als Einstieg in ein für Sie noch unbekanntes Themenfeld
- als Einblick, um zum Thema mitreden zu können

Die Bücher in elektronischer und gedruckter Form bringen das Expertenwissen von Springer-Fachautoren kompakt zur Darstellung. Sie sind besonders für die Nutzung als eBook auf Tablet-PCs, eBook-Readern und Smartphones geeignet. *essentials:* Wissensbausteine aus den Wirtschafts-, Sozial- und Geisteswissenschaften, aus Technik und Naturwissenschaften sowie aus Medizin, Psychologie und Gesundheitsberufen. Von renommierten Autoren aller Springer-Verlagsmarken.

Weitere Bände in der Reihe http://www.springer.com/series/13088

Michael Kleinjohann · Victoria Reinecke

Marketingkommuni-
kation mit der
Generation Z

Erfolgsfaktoren für das Marketing
mit Digital Natives

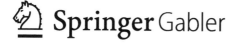

Michael Kleinjohann
International School of Management
(ISM), Campus Hamburg
Hamburg, Deutschland

Victoria Reinecke
Hamburg, Deutschland

ISSN 2197-6708   ISSN 2197-6716   (electronic)
essentials
ISBN 978-3-658-30821-6   ISBN 978-3-658-30822-3   (eBook)
https://doi.org/10.1007/978-3-658-30822-3

Die Deutsche Nationalbibliothek verzeichnet diese Publikation in der Deutschen Nationalbibliografie; detaillierte bibliografische Daten sind im Internet über http://dnb.d-nb.de abrufbar.

Planung/Lektorat: Imke Sander
Springer Gabler ist ein Imprint der eingetragenen Gesellschaft Springer Fachmedien Wiesbaden GmbH und ist ein Teil von Springer Nature.
Die Anschrift der Gesellschaft ist: Abraham-Lincoln-Str. 46, 65189 Wiesbaden, Germany

Was Sie in diesem *essential* finden können

- Charakteristika, Werte und Verhalten der Generation Z
- Erfolgsfaktoren für die Marketingkommunikation mit der Generation Z
- Empfehlungen für die digitale Markenstrategie mit der Generation Z

Vorwort

Jung, zu einhundert Prozent digital sozialisiert – und attraktiv als die „Konsumenten der Zukunft": Die sogenannte „Generation Z", die Altersgruppe der ab 1995 Geborenen, ist für das Marketing jedes Unternehmens eine Herausforderung in mehrfacher Hinsicht. Zum ersten ist diese Alterskohorte interessant als Absatzpotenzial, denn in zehn Jahren wird sie ein Drittel der Weltbevölkerung ausmachen. In Deutschland hat sie einen Anteil von 10 % an der Bundesbevölkerung (Criteo 2018, S. 7; OC&C 2019, S. 3). Die Bedürfnisse und Wünsche der „Gen Z" als Konsumenten zu verstehen wird für Unternehmen deshalb essenziell sein. Zum zweiten gehört diese Konsumentengruppe zur ersten Generation, die komplett von Internet, Digitalisierung und Smartphones geprägt ist. Ihr gegenüber vorhergehenden Generationen verändertes Mediennutzungsverhalten und ihr Umgang mit Marken wird für die Marketingkommunikation von Unternehmen lokal wie global relevant sein. Zum dritten geht die Marketingkommunikation mit dieser Altersgruppe einher mit einer die Unternehmen herausfordernden Potenzierung der Medienkanäle in einer von fragmentierten Märkten geprägten Konsumwelt.

Unternehmen, die sich und ihre Produkt- oder Dienstleistungsmarken als physische oder digitale Angebote vermarkten, brauchen daher frühzeitig Consumer Insights um mehr denn je zielgruppengerecht ihre Marketingkommunikation strategisch und operativ optimal aufzustellen. Wichtig dabei ist es, die identifizierte und definierte Markenidentität („Corporate Identity") authentisch, konsistent und kontinuierlich auf Augenhöhe mit der Zielgruppe auf ihrer Customer Journey an den relevanten Touchpoints zu kommunizieren.

Wir wünschen Ihnen eine inspirierende Lektüre, die Ihnen mit systematisierten und aktuellen Consumer Insights die Zielgruppe der Generation

Z als erste „100 % Digital Natives" im Markt näherbringt, für Ihr Marketing durchschaubarer und für Ihre Marketingkommunikation planbarer macht. Noch eine redaktioneller Hinweis aus aktuellem Anlass: Die zitierten Studien und dargestellten Erkenntnisse beziehen sich alle auf den Zeitraum und Zeitpunkt vor dem Ausbruch der „Covid-19"-Pandemie im Frühjahr 2020.

Hamburg   Michael Kleinjohann
im Mai 2020   Victoria Reinecke

Inhaltsverzeichnis

Im Vierklang des klassischen Marketingmix aus Produkt, Preis, Vertrieb und Kommunikation nimmt bei allen Marketinginstrumenten die adressierte Zielgruppe eine prominente Position ein. Produkte mögen noch so innovativ, Preise noch so kompetitiv, Distributionskanäle noch so vielfältig und die Kommunikation noch so kreativ sein: Gelingt es einem Unternehmen nicht, eine Zielgruppe als potenzielle Käuferschaft konkret zu definieren, klar zu identifizieren, treffsicher zu erreichen und effizient mit ihr zu kommunizieren, bleiben Marketing und Marketingkommunikation erfolglos.

1.1 Zielgruppen: Definition, Identifikation und Typologie

Kern jeglicher Marketingstrategie ist es den Zielabsatzmarkt, die relevanten Zielpersonen und die möglichen Zielgruppensegmente zu erkennen, zu verstehen und zu beschreiben, um auf Basis dieser Consumer Insights Marketing und Marketingkommunikation an den Touchpoints zwischen Marke und Konsumenten zu planen und zu realisieren. Marketing bedient sich unterschiedlicher Techniken und Kriterien, um Zielpersonen und potenzielle Käufergruppen möglichst konkret und differenziert zu identifizieren, zu charakterisieren und zu erreichen.

Konkrete Charakterisierungen von Zielpersonen finden statt anhand von

- **Soziodemografischen Kriterien**
  (z. B. Geschlecht, Alter, Beruf, Einkommen)

M. Kleinjohann und V. Reinecke, *Marketingkommunikation mit der Generation Z*, essentials, https://doi.org/10.1007/978-3-658-30822-3_1

- **Geografischen Kriterien**
  (z. B. Nationen, Regionen, Städte, Stadtteile, Straßen)
- **Verhaltensbezogenen Kriterien**
  (z. B. Verhalten bezogen auf Produkt, Preis, Point-of-Sale oder Kommunikation)
- **Psychografischen Kriterien**
  (z. B. Persönlichkeit, generelles Verhalten)

(Fuchs und Unger 2014, S. 115; Heun 2017, S. 31–35; Schnettler und Wendt 2009, S. 19 f.; Schweiger und Schrattenecker 2017, S. 60 ff.).

Anhand der einzelnen und miteinander verknüpften Merkmale können Zielpersonen zu Zielgruppen zusammengefasst und prototypisch sowie stellvertretend als „Personas" oder „Typen" detailliert und in „Milieus" oder „Lebensstilen" umfassend modelliert, profiliert und typologisiert werden.

Die Beschreibung von Zielgruppen folgt dabei vier Anforderungen:

1. **Segmentbildungseigenschaft:** Die Merkmale beschreiben möglichst homogen eine Gruppe, die sich durch diese identifiziert und von anderen Zielgruppen valide abgrenzt und unterscheidet.
2. **Wiedererkennbarkeit:** Die beschreibenden Merkmale sind überprüfbar und lassen eine Zielgruppe unabhängig von der jeweiligen Zielgruppenperson reliabel wiedererkennen.
3. **Auffindbarkeit:** Die gewählten Merkmale sorgen dafür, dass die Zielgruppe durch den Einsatz von Kommunikation und Medien technisch zu finden, zu erreichen und anzusprechen ist.
4. **Umsetzbarkeit:** Die verwendeten Merkmale der Zielgruppenbeschreibung führen dazu, dass Kommunikationsmaßnahmen (z. B. Werbebotschaften) konkretisiert und inhaltlich realisiert werden können (Bruhn 2019, S. 215; Fuchs und Unger 2014, S. 113).

Soziologische und neuropsychologische Methoden und Instrumente zur differenzierten Typisierung und Segmentierung von Zielgruppen in der Marketingpraxis sind z. B.

- Sinus-Institut: Sinus Milieus
  (z. B. mit den Typen „Performer", „Bürgerliche Mitte", „Hedonisten") (Sinus n.d.)
- Institut für Demoskopie: Allensbacher Werbeträger Analyse (AWA)
  (z. B. mit den Typen „DINKS", „LOHAS", „TAPs") (IfD Allensbach n.d.)

- Gruppe Nymphenburg: Limbic Map
  (z. B. mit den Typen „Harmoniser", „Disziplinierte", „Abenteurer") (Gruppe
  Nymphenburg n.d.)
- Zukunftsinstitut: Lebensstile
  (z. B. mit den Typen „Creativiteens", „Proll-Professionals", „Forever Youngsters")
  (Zukunftsinstitut n.d.)

Auch das Zielgruppenkonzept der „Generation" bedient sich der Identifikation
und Beschreibung von gemeinsamen Phänomenen, die eine Person mit anderen
Personen gemeinsam hat. Dabei spielen primär die Zeitgenossenschaft sowie Einflussfaktoren der Umwelt und sozio- und psychographische Merkmale, in denen
sich Mitglieder der Gruppe ähnlich sind, die identifizierenden Charakteristika
dieser Alterskohorte.

1.2 Zielgruppe: Generationen

Generationen-Zielgruppen lassen sich primär nach der Zugehörigkeit zu Alters-
gruppen oder Geburtsjahrgängen clustern und somit voneinander abgrenzen
und unterscheiden. Die Stereotypisierung von Zielgruppen nach Generationen
beinhaltet des Weiteren aber auch die wirtschaftlichen, politischen, technischen
und ökologischen Bedingungen, unter denen die Mitglieder dieser Generation
geboren und aufgewachsen sind. In der Konzentration, Kombination und
Kumulation der Daten liegt die Chance für die Marketingkommunikation generell
für diese Zielgruppe geltende Trends und veränderte Perspektiven zu lokalisieren,
die über den einfachen Bezug auf soziodemografische Kriterien wie Alter,
Geschlecht oder nationale Zugehörigkeit hinausgehen.

Auch wenn Streuungen innerhalb einer Generation vorhanden sind („Intra-
generationsvarianz") und sich eine strikte Klassifizierung nach Geburtsjahrgängen nicht vornehmen lässt, sind die Unterschiede zwischen den Mittelwerten
der verschiedenen Generationen doch klar feststellbar („Intergenerations-
differenz"). Typisch für jede Generation ist, dass sich grundsätzliche neue,
jüngere Generationen bewusst oder unbewusst von den vorhergehenden, älteren
Generationen abgrenzen („Generationenkonflikt") (Absolventa 2019; Calmbach
et al. 2016; Jureit 2006).

Auch wenn es aktuell keine wissenschaftlich einheitliche und klare Abgrenzung
aufgrund von Alter gibt, lassen sich seit etwa 1950 vier Geburtenjahrgänge als
Generationen abgrenzen und bezeichnen.

1. Babyboomer, geboren zwischen 1955 und 1969,
2. Generation X, geboren zwischen 1965 und 1980,
3. Generation Y, geboren zwischen 1980 und 2000 und
4. Generation Z, geboren zwischen 1995 und 2010.

(Criteo 2018, S. 4; Mörstedt 2017; OC&C 2019, S. 4 f.).

Insbesondere auch grundlegende politische, wirtschaftliche und technische Entwicklungen in Kindheit und Jugend prägen Alterskohorten. Den „Traditionalisten", die zum Teil zwei Weltkriege und deren Folgen erlebten, folgen die „Babyboomer" als erste Nachkriegsgeneration nach dem zweiten Weltkrieg; sie gehören zu den geburtenreichsten Jahrgängen und weisen die größte Population aller Generationen auf. Die „Generation X", auch „Generation Golf" genannt, wurde in ihrer Kindheit stark durch die Wirtschaftskrise und eine aufkommende Scheidungsrate geprägt (Illies 2000). Die darauffolgende „Generation Y", wegen ihrer Geburt um die Jahrhundertwende auch „Millennials" genannt, wurde vom Internetstart und der Globalisierung beeinflusst und besitzt ein höheres Bildungsniveau als ihre Vorgänger. Die Generation Z hat die komplette, den Alltag durchdringende Digitalisierung erlebt und ist mit dem Smartphone aufgewachsen (Mörstedt 2017).

Schon eine grobe Analyse und ein skizzenhafter Überblick der unterschiedlichen Generationen zeigen, dass sich die ethischen Werte und typischen Merkmale der Generationen aufgrund der verschiedenen Generationserlebnisse unterscheiden und Auswirkungen auf ihr Konsum-, Kommunikations- und Medienverhalten haben. So entsteht durch die unterschiedliche Prägung ein generationsspezifisch unterschiedliches Konsumverhalten, wodurch sich u. a. die Markentreue oder Akzeptanz von Werbung je nachfolgender Generation verändert (Tab. 1.1).

1.3   Identitätsbasierte Markenführung

Primäres Ziel von strategischem wie operativem Marketing ist es, bei der adressierten Zielgruppe die Wahrnehmung eines Produktes oder einer Dienstleistung hervorzurufen, die in Folge eine Begehrlichkeit bis hin zur Annahme des Angebotes auslöst. Die kognitive und affektive Vorstellungskonkretisierung in der Zielgruppenwahrnehmung stellen dabei „Marken" dar; sie übernehmen eine Identifikations- und Differenzierungsfunktion gegenüber anderen Marken im Markt und prägen das Wahlverhalten des potenziellen Konsumenten. Ziel von erfolgreichem Marketing ist es daher, idealerweise mit der eigenen Marke die

Tab. 1.1 Übersicht der Generationen, Quelle: Eigene Darstellung in Anlehnung an Aduno-Gruppe 2019; Bublitz 2017; Hielscher et al. 2019; Mörstedt 2017

	Babyboomer	Generation X	Generation Y	Generation Z
Werte	– Gesundheit – Idealismus – Kreativität – Ehrlichkeit – Vertrauen	– Unabhängig- keit – Individualis- mus – Sinnsuche – Effizienz	– Vernetzung – Selbstbewusst- sein – Sinnsuche – Optimismus – Nachhaltigkeit	– Definition über materiellen Besitz – Vernetzung – Interaktion – Ohnmachts- gefühl – Persönlicher Erfolg
Merkmale	– Team- orientiert – Arbeit hat höchsten Stellenwert – Karriere- orientiert – finanzkräftig	– Pragmatisch – Streben nach hoher Lebens- qualität – Zeit ist wert- voller als Geld	– Digital Natives – Leben im hier und jetzt – 24/7 online	– International – Digital Natives – 24/7 online – leicht beein- flussbar von Meinungs- führern – anspruchsvoll – pragmatisch
Kommunikations-medium	– E-Mail – Mobiltelefon	– E-Mail – Mobiltelefon	– Social Media – Smartphone	– Social Media – Smartphone
Konsumverhalten	– Markentreue – Status- symbole – Luxus, Genuss, Exklusivität – Sprechen gut auf Werbung an	– Belohnung für harte Arbeit – Markenaffin – Produkte, die Alltag erleichtern und fortschrittlich sind – Sprechen gut auf Werbung an	– Nachhaltigkeit – Bewusster Konsum – Online- Shopping – Effizienz – Sprechen weniger gut auf Werbung an	– Online- Shopping – Empfehlungen von Freunden und Influencern – Status und Nachhaltigkeit – Sprechen auf klassische Werbung gar nicht an
Mediennutzung	– Fernsehen – Radio – Zeitschrift – Zeitung	– Fernsehen – Radio – Zeitschrift – Zeitung – Internet	– Fernsehen – Internet – Social Media – Streaming- dienste	– Internet – Social Media – Streaming- dienste

Monopolstellung oder zumindest einen Platz im „Relevant Set" in der Psyche des Verbrauchers zu sichern (Esch 2018, S. 21).

Im derzeit aktuellen wissenschaftlichen Ansatz der identitätsbasierten Definition von Marke und Markenführung wird unter einer Marke „ein Bündel aus funktionalen und nicht-funktionalen Nutzen, deren Ausgestaltung sich aus Sicht der Zielgruppen der Marken nachhaltig gegenüber konkurrierenden Angeboten differenziert" (Burmann et al. 2015, S. 28), verstanden. Für den Absatzmarkt, die Konsumenten und die adressierten Zielgruppen bieten Marken dabei Orientierung und Vertrauen, indem sie verdichtete Informationen mit allen verknüpften Assoziationen darstellen und damit das wahrgenommene Kaufrisiko vermindern. Außerdem vermitteln sie markenspezifische Wertvorstellungen und markentypische Gefühle (Esch 2018, S. 22).

Kern der an den Konsumenten kommunizierten Informationen ist das Selbstbild der Marke. Die Markenidentität stellt somit den Ausgangspunkt der Positionierung der Marke im Markt gegenüber der Zielgruppe dar und „umfasst diejenigen raum-zeitlich gleichartigen Merkmale der Marke, die aus Sicht der internen Zielgruppe in nachhaltiger Weise den Charakter der Marken prägen" (Burmann et al. 2015, S. 29). Dieses Selbstbild („Identity") gilt es in der Zielgruppe als Markenbild („Image") möglichst identisch zu etablieren. Das zielgerichtete Senden und Transportieren der identitätsbasierten Markenmerkmale und Markenpersönlichkeit in eindeutiger Klarheit, konsistenter Authentizität und assoziationsreicher Vielfalt an die anvisierte Zielgruppe ist Aufgabe der Kommunikationspolitik oder Marketing-kommunikation (Aaker und Joachimsthaler 2000, S. 43 ff.; Burmann et al. 2015, S. 43 ff.; Esch 2014; Kapferer 1992, S. 50 ff.).

Vor dem Hintergrund von Globalisierung und Digitalisierung der Kommunikation, Vielfalt an Touchpoints und Distributionskanälen, fragmentierten Zielgruppen sowie national und global kompetitiven Märkten in allen Branchen steht eine effektive und effiziente Marketingkommunikation vor wachsenden Herausforderungen: Erfolgreiche Kommunikationspolitik für Unternehmen, Produkte und Dienstleistungen muss entsprechend eines Cross-, Multi- oder Omnichannel-Ansatzes in der Distribution mit potenziellen Konsumenten auch eine Synchronität der Omnichannel-Customer-Journey mit dem eigenen Omnichannel-Marketing und der Omnichannel-Marketingkommunikation herstellen und somit „kommunikatives Multi- oder Omnichanneling" verfolgen. Themen, Kanäle und Zielgruppen der Marketingkommunikation müssen dementsprechend vernetzt, gleichzeitig aber auch inhaltlich, zeitlich und formal integriert sein, um auf der Customer Journey an allen Touchpoints konsistent als unique Markenpersönlichkeit wahrgenommen werden zu können (Burmann et al. 2015, S. 209).

2.1 Customer Journey, Touchpoints und Consumer Insights

Um die definierte Markenidentität zu kommunizieren und die zu vermarktenden Produkte und Dienstleistungen in den Zielgruppen effektiv und effizient bewerben und absetzen zu können, müssen von Unternehmen alle Kontaktpunkte mit potenziellen Konsumenten identifiziert oder für sie geschaffen werden. Dazu ist es für das Unternehmen im ersten Schritt notwendig, die Kommunikations- und Konsumreisen von Käufern oder Potenzialen („Customer Journey") nachzuvollziehen, zu prognostizieren oder zu konstruieren (Esch und Knörle 2016, S. 123 ff.). Im zweiten Schritt sind die Berührungspunkte an den Wegen und Kanälen zwischen Konsumenten und Unternehmen zu managen („Brand Touchpoints"); diesen Schnittstellen kommt dabei aufgrund der Digitalisierung große Bedeutung zu, da der Onlinekaufakt unmittelbar nach dem Werbekontakt erfolgt (Heun 2017, S. 35).

Grundsätzlich relevant sind sechs Phasen des Customer-Touchpoint-Managements:

1. Im „**Customer Touchpoint Assessment**" wird unternehmensintern Transparenz über die Anzahl, Art und Bedeutung von Kontaktpunkten zwischen Unternehmen und Marke hergestellt.
2. Aus externer Perspektive wird die „**Customer Experience Journey**" analysiert, um die Interaktionskontaktpunkte der Zielgruppen kennenzulernen.
3. Die **Synthese aus den Ergebnissen der internen und externen Analyse** konkretisiert und priorisiert die für die operative Marketingkommunikation relevanten Handlungsfelder und Maßnahmen.
4. Auf Basis der bestehenden Touchpoints können dann für die „**Customer Touchpoint Innovation**" neue, den Kunden begeisternde, oder die Interaktion mit dem Kunden optimierende Touchpoints (z. B. App, Voice Bot) entwickelt werden.
5. Wie im gesamten Marketing dient das „**Customer Touchpoint Tracking**" dazu, den Erfolg an den mit Marketingkommunikation bespielten Touchpoints zu evaluieren, um auf den Erkenntnissen diese zu optimieren.
6. Im Modul der „**Marketing Spend Effectiveness**" werden dann auf dessen Basis die Kommunikationsbudgets entsprechend auf die wirkungsvollsten Touchpoints allokiert (Esch et al. 2014, S. 428 ff.).

Entsprechende Brand Touchpoints bieten sich entlang der Customer Journey im Cross-, Multi- oder Omnichannel-Vertrieb, die als Aufmerksamkeitstrigger, Wahrnehmungsverstärker, Begehrlichkeitserzeuger und Kauffinalisierer genutzt werden können. Die zentrale Herausforderung der Kommunikationspolitik im Mehrkanalvertrieb besteht deshalb darin in allen Phasen in allen von der Zielgruppe genutzten Kanälen präsent zu sein, und die Kommunikationsmaßnahmen zielgruppenspezifisch und kanaladäquat zu definieren, realisieren und koordinieren: Von der Bekanntheit der Marke durch Werbung, der Recherche von Produktdetails im Handel vor Ort oder online, über den stationären oder mobilen Kauf, bis zur Abwicklung mit Abholung im Ladengeschäft oder Lieferung an die Haustür, sowie der Kundenbindung mit Feedback und Weiterempfehlung an „Family, Friends & Fans" gilt es Zielgruppen zu finden und adäquat anzusprechen (Mehn und Wirtz 2018, S. 10; von Gizycki und Elias 2018).

Dabei ist grundlegend kommunikationsstrategisch zwischen einer Push- und Pull-Strategie sowie zwischen einer Standardisierung und einer Differenzierung der Marketingkommunikation zu entscheiden: Sollen die Konsumenten einzeln mit Kommunikations- und Verkaufsdruck überzeugt werden, das Produkt zu kaufen („Push") oder soll mit einem Nachfragesog („Pull") die Zielgruppe stimuliert werden, bei den Absatzmittlern Produkte und Dienstleistung abzufordern?. Soll ein einheitliches über alle Kanäle für alle Zielgruppen („Standardisierung") oder ein an die Zielgruppen und Kanäle angepasstes Kommunikationskonzept („Differenzierung") umgesetzt werden? Aufgrund der unterschiedlichen Customer Journey von Zielgruppen und Generationen, kommt es darauf an, Verbindungen von digitalen, analogen und physischen Vertriebs- und Informationswegen in der Pre-Sales-, Kauf- und After-Sales-Phase zu schaffen, zu beachten und miteinander zu verknüpfen (Mehn und Wirtz 2018, S. 19 ff.; Wirtz 2013, S. 255).

Ein weiteres Ziel im erfolgreichen Management von Marketingkommunikation ist es grundsätzlich – und in Verbindung mit der Customer Journey und den Brand Touchpoints speziell – zentrale und relevante Erkenntnisse über Motive, Bedürfnisse, Interessen oder Erwartungen der Zielgruppen bezüglich des Produkt- oder Dienstleistungsangebotes zu erhalten („Consumer Insights"). Dazu ist es notwendig, den Konsumenten in der Zielgruppe gesamthaft in seiner Vielfalt und Charakteristik zu sehen und mit Insights über den Markt und das kulturelle Umfeld, die Marke und das Produkt sowie Nutzungssituationen zu kombinieren. Diese Consumer Insights sind Ausgangspunkt für eine Marketingkommunikation, die auf allen Stufen und in allen Phasen der Customer Journey für potenzielle und loyale Kunden positive Erfahrungen und Erlebnisse mit der Marke schafft („Customer Experience"). Vor dem Hintergrund von ubiquitärem, omnitemporärem und kanalübergreifendem Such- und Kaufverhalten von Konsumenten muss gerade an den digitalen Touchpoints und im eCommerce gezielt positives Denken, Empfinden, Wahrnehmen, Fühlen und Erinnern in der Zielgruppe ausgelöst werden.

2.2   Marketingkommunikation und Digitalisierung

Neben der Vernetzung der Marketingkommunikation, des Managements der
einzelnen analogen und physischen Kanäle sowie des Managements der Daten,
Transaktionen und Stakeholder steht Marketingkommunikation mit digitalen
Medien und auf digitalen Plattformen vor einer besonderen Herausforderung.

- Die grundsätzlich sinnvolle Anforderung der Markenführung, auch in zum Teil
  sehr unterschiedlichen Medienkanälen die Marke digital auch identitätskonform
  und gleichzeitig medienadäquat darzustellen, führt zu hohem Management-
  aufwand (Michelis 2014). Die Darstellung beispielsweise nur eines Logos auf
  allen Kommunikationsplattformen als „Corporate Identity" reicht nicht aus, um
  die Markenidentität umfassend zu vermitteln. Je Kanal bedarf es einer einerseits authentischen, andererseits zum Kommunikationsinstrument funktional
  passenden multisensuellen Darstellung der Markenidentität.
- Die Ambivalenz der digitalen Kommunikation führt zu einer Schieflage von
  Konsumentenerwartung und Unternehmenskompetenz: Einerseits ist aufgrund
  der Digitalisierung eine Kommunikation zwischen Marke oder Unternehmen
  und Konsument im Vergleich zu klassischen, analogen Medien mit größerer
  räumlicher Distanz, massenhafter, multimedialer, direkter, schneller und jederzeit möglich, und lässt sie damit allgegenwärtig, alltäglich, automatisch und
  damit eigentlich austauschbar werden. Andererseits erwarten Konsumenten
  aber von Unternehmen auf einer zunehmend digitalen Customer Journey
  eine persönliche, individuelle, auf ihre spezifischen Bedürfnisse eingehende,
  ständige und nicht zuletzt authentische „1:1"-Kommunikation via Social
  Media, Messenger, E-Mail, Chat oder Voice Bot. „Interaktionskompetenz"
  einer Marke ist deswegen in einer digitalen Konsum- und Kommunikations-
  welt eine notwendige zusätzliche kommunikative Qualität von Marken und
  Unternehmen (Burmann et al. 2015, S. 232).
- Die Digitalisierung stellt auch neue Herausforderungen in der Schaffung einer
  digitalen „Brand Experience" mangels physischem, direktem, persönlichem,
  haptischem, gustatorischem oder olfaktorischem Kontakt zwischen Produkt
  und Konsument. Auch wenn „Augmented" oder „Virtual Reality" Unternehmen unterstützen können, Markenerlebnisse digital zu schaffen oder zu
  erweitern, können sensorische, affektive, kognitive, verhaltensbezogene und
  soziale Markenerlebnisse digital nur positive Wirkungen haben, wenn auch sie
  zur Identität der Marken passen und von der jeweiligen Zielgruppe authentisch
  wahrgenommen werden (Burmann et al. 2015, S. 234 ff.).

- Produkte sind aufgrund von Digitalisierung und vertikalem wie horizontalem Vertrieb jederzeit und überall kaufbar, direkt auf der Website des Herstellers, am Point-of-Sale im Retail, in Shops von Online-Händlern oder auf digitalen Sales-Plattformen. In einer identitätsbasierten Markenführung sollte die Customer Experience in allen Phasen, an allen Touchpoints, in allen Kanälen und auf allen Plattformen für die Zielgruppe identisch sein und zur Vermittlung der Markenidentität beitragen.

Zielgruppe Generation Z: Charakteristika

3

Zahlreiche deutsche und internationale empirische Studien thematisieren und analysieren die Zielgruppe der Generation Z aus unterschiedlichen Perspektiven mit Blick auf ihre für die Marketingkommunikation relevanten Charakteristika in Einstellungen und Verhalten. Auch wenn die Anlagen, Fragestellungen und Fallzahlen der Studien unterschiedlich und keine Langzeitanalysen sind, bieten sie einen systematisierbaren Fundus an Informationen zur synoptischen Beschreibung der Generation Z als Basis für die Identifikation von Erfolgsfaktoren für die Marketingkommunikation.

Die Studie „Eine Generation ohne Grenzen" der Strategieberatungsunternehmen OC&C Strategy Consultants und dem Marktforschungsunternehmen Viga von 2019 untersucht 15.500 Teilnehmer aus vier Generationen aus den USA, Deutschland, China, Frankreich, Brasilien, Türkei, Polen, Italien und Großbritannien. Methodisch wurden eine quantitativ angelegte Umfrage sowie qualitative Diskussionsrunden mit Vertreten der Altersgruppe 16 bis 20 Jahren durchgeführt. Insgesamt wurden dabei 12 Mio. Datenpunkte analysiert und pro Land ausgewertet sowie Gemeinsamkeiten herausgearbeitet (OC&C 2019).

Die „Jugendstudie" der Kreativagentur von elbdudler und dem Marktforschungsinstitut YouGov von 2018 analysiert, über welche Kanäle die „Gen Z" erreicht werden kann und wie diese Werbung gestaltet sein muss. Mittels eines Online-Panels wurden 513 deutsche Jugendliche der Geburtenjahrgänge 1999 bis 2003 zu ihrer Onlinenutzung, ihren Einstellungen und ihrem Verhalten bezüglich Werbung und Konsum befragt (elbdudler 2018).

Das Marktforschungsinstitut „Ipsos" führte 2017 eine Studie zur Mediennutzung, Einstellung zur Markenkommunikation und zum Einfluss der Digitalisierung auf den Lifestyle der Generation Z in Deutschland durch und

M. Kleinjohann und V. Reinecke, *Marketingkommunikation mit der Generation Z*, essentials, https://doi.org/10.1007/978-3-658-30822-3_3

Tab. 3.1 Übersicht der Studien. (Quelle: Criteo 2018; elbdudler 2018; Livadic 2018; OC&C 2019)

Studie	Generation Z – der Report	Jugendstudie	Meet the Gen Z	Eine Generation ohne Grenzen
Verfasser	Criteo	elbdudler	Ipsos	OC&C
Jahr	2017	2018	2018	2019
Fallzahl n =	940	513	1500	15.500
Geburtsjahr	1993–2001	1999–2003	1998	1998
Länder	Brasilien Deutschland Frankreich Großbritannien USA	Deutschland	Deutschland	Brasilien China Deutschland Frankreich Großbritannien Italien Polen Türkei USA
Methode	Online-Befragung	Online-Befragung	Online-Befragung	Online-Befragung Fokus-Gruppen-Diskussion

befragte in einer Online-Befragung 1500 Teilnehmer der Generation Z und Millenials (Livadic 2018).

Der internationale E-Commerce-Technologieanbieter „Criteo" nutzte seine „Criteo Shopper Story" 2017 und wertete in der Studie „Generation Z – der Report" die Daten von 940 Jugendlichen der Jahrgänge 1993 bis 2001 aus Großbritannien, Frankreich, Deutschland, Brasilien und den USA mittels eines Online-Panels aus (Criteo 2018) (Tab. 3.1).

3.1 Einflussfaktoren

Die Altersgruppe der ab 1995 Geborenen ist durch zahlreiche Faktoren geprägt, die ihr Medien- und Konsumverhalten aktuell und nachhaltig prägen. Mithilfe einer „PESTEL"-Analyse lassen sich die charakteristischen Faktoren identifizieren und für das Verständnis dieser Zielgruppe beschreiben. **PESTEL** ist ein Akronym und steht für die politischen *(political)*, wirtschaftlichen *(economic)*, sozio-kulturellen *(social)*, technologischen *(technological)*, ökologisch-geografischen *(environmental)* sowie rechtlichen *(legal)* Einflussfaktoren, die auf das marketingrelevante Umfeld – und damit auf die Zielgruppe von Unternehmen – einwirken. (Fahey und Narayanan 1986).

Politisch ist die Zielgruppe der Generation Z von Instabilität geprägt. Seit ihrer frühen Kindheit gibt es politische Spannungen in Deutschland, Europa und weltweit. In Deutschland ist diese Generation zwar unter einer seit 2005 bestehenden Bundeskanzlerschaft von Angela Merkel und einer CDU/CSU und SPD-Koalition aufgewachsen, die sie während ihrer 15-jährigen Jugendzeit stabil begleitete. An den politischen Rändern der Gesellschaft gewinnen jedoch links- und rechtspopulistische Parteien. Die zur Geburt der Generation Z schon lange bestehende „Europäische Union" wurde und wird durch Flüchtlings-wellen, Finanzkrisen (Griechenland) und den Austritt von Großbritannien (Brexit) geprägt und verunsichert. Außenpolitisch ist für diese Generation die Welt durch eine geänderte US-amerikanische Außenpolitik, durch militärische Konflikte u. a. im Nahen Osten oder in der Ukraine volatil geworden (OC&C 2019, S. 4).

Aus **ökonomischer Sicht** ist für die Generation Z grundsätzlich mehr Stabilität gegeben. Seit der Finanzkrise im Jahr 2008 bewegt sich Deutschland in einem relativen wirtschaftlichen Aufschwung, die Kaufkraft ist stabil bzw. steigt leicht an. Durch die Globalisierung und Digitalisierung gewinnt E-Commerce zunehmend an Bedeutung und beschleunigt, vereinfacht und bringt Transparenz in den Handel (OC&C 2019, S. 4). Online- und Offline-Shopping ergänzen sich wachsend, die Anzahl der Touchpoints im damit relevanter werdenden Omni-channel-Marketing steigt – insbesondere bei Zielgruppen, die digital und mobil kommunizieren und einkaufen.

Sozial wird die Alterskohorte der Gen Z von verschiedenen Bewegungen beeinflusst. Einerseits schaffen eine zunehmende Geschlechtergleichheit, die formale und gesellschaftliche Akzeptanz des „dritten Geschlechts" und die Viel-falt an Ethnien in der bundesdeutschen Gesellschaft ein bislang nie existentes liberales Lebensumfeld. Andererseits wird die Gen Z aufgrund ihres überwiegend digitalen Kommunikationsverhaltens und der ausgeprägten Nutzung von Social Media von ihrer „Peer Group" und Influencern in zahlreichen Lebensbereichen beeinflusst. Begleitet wird diese zielgruppentypische Entwicklung von einem demografischen Wandel, bei dem die Konsumgesellschaft mit einhergehenden Auswirkungen auf das Marketingkommunikationsverhalten von Unternehmen altert (OC&C 2019, S. 4).

Aus der Perspektive der **Technologie** kommt der Digitalisierung der Medien-
und Kommunikationstechnik besondere Bedeutung als Einflussfaktor der ab
1995 geborenen Konsumenten zu. Die Generation Z ist die erste Alterskohorte
von Konsumenten, die als „Digital Natives" von Geburt an mit digitaler Technik
aufgewachsen ist. So sorgen zum ersten Telefonie- und Daten-Flatrates (seit
2005), WLAN (seit 1999) und 5G-Netze (seit 2019) für ein mobil und stationär
ständig nutzbares Kommunikationsnetz; Smartphones wie z. B. Apple iPhone
(seit 2007), Tablets wie z. B. Apple iPad (seit 2010) und Smartspeaker wie z. B.
Amazon Alexa (seit 2014) bieten permanente und ubiquitäre Kommunikations-
fähigkeit. Zum zweiten erlauben digitale Film- und Audio-Streaming-Dienste
wie Netflix (seit 1997), Amazon Prime Now (seit 2014) oder Spotify (seit
2008) und Buchungs-, Payment- und Matching-Services wie Booking (seit
1996), PayPal (seit 1998), AirBnB (seit 2008), tinder (seit 2012), Deliveroo
(seit 2013) und Apple Pay (seit 2014) für jederzeitigen Konsum. Zum dritten
schaffen Social-Media-Dienste wie Facebook (seit 2004), Instagram (seit 2010),
Snapchat (seit 2011) oder Tik Tok (seit 2016, vorher musical.ly seit 2014),
Kommunikationsservices wie Skype (seit 2003), Facebook Messenger (seit
2011) oder WhatsApp (seit 2009) ebenso wie Blog- und Publishingplattformen
wie Twitter (seit 2006), WordPress (seit 2003), YouTube (seit 2005) oder tumblr
(seit 2007) für die Generation Z ein bislang nie dagewesenes ubiquitäres und
omnitemporäres Kommunikations- und Konsumportfolio. Und dies wird auch
zukünftig durch weitere digitale Technik wie Künstliche Intelligenz, Virtual
Reality sowie Augmented Reality prägende Auswirkungen auf das Lebensumfeld
der Generation Z haben (Hein 2019; OC&C 2019, S. 4 f.).

Auch aus **ökologischem Blickwinkel** wird die Generation Z stark beeinflusst.
Der allgegenwärtige Klimawandel durch die Erderwärmung ändert generell Ein-
stellungen und – zunehmend auch – das Verhalten der Bevölkerung. Dabei nimmt
die Gen Z eine besonders sensible und engagierte Rolle ein (z. B. „Fridays for
Future"). Auch die dabei entstehende Diskussion um Ressourcenschonung und
Nachhaltigkeit in Produktion und Konsum prägen das Verhalten und Leben der
Gen Z nachhaltiger als frühere Alterskohorten.

Aus **rechtlicher Sicht** prägen vor allem Datenschutz (z. B. DSGVO), Cyber-
sicherheit aber auch grundsätzlich der Wert von persönlichen Daten das Lebensumfeld der jungen Konsumenten. So sind sie nur bereit gegen einen für sie
sinnvollen Nutzen ihre Daten weiterzugeben (Fromm 2018).

3.2 Werte, Merkmale und Verhalten

Die dargestellten zahlreichen Einflussfaktoren, die die Lebensumwelt der Generation Z grundlegend in der Vergangenheit und auch zukünftig beeinflussen, prägen ihre psychografischen Merkmale, ihre ethischen Werte und ihr Kommunikations- und Konsumverhalten in unterschiedlicher Form.

Die Gen Z ist mit vielfältiger digitaler Technik von Kindheit an aufgewachsen; ihre Mitglieder haben das mobile Smartphone als einziges Telefon kennengelernt und können es ebenso intuitiv über die kapazitativen Touchscreens wie die anderen „Mobile Devices" bedienen. Sie sind die ersten „100 % Digital Natives"; für die Generation Z verschmilzt die stationäre und mobile, analoge und digitale Welt zu einem identen Lebenskosmos. So gilt für die Generation Z das Motto „Mobile Only": Das Smartphone ist zum ständigen, geradezu körperlich mit ihnen verbundenen Kommunikations-, Recherche-, Interaktions- und Transaktionsmedium geworden und ersetzt nicht nur stationäre Desktopcomputer sondern auch mobile Laptops oder Notebooks. Die Generation Z ist ständig erreichbar, da sie 24/7 online ist, – und gleichzeitig müssen ihre Mitglieder aus kognitiven Kapazitätsgründen die für sie interessanten Informationen effizient selektieren und ihre Aufmerksamkeit gezielt auf die für sie wichtigen Themen fokussieren (Criteo 2018; OC&C 2019, S. 5).

Ethisch strebt die Gen Z nach traditionellen Werten und geht zugleich zurückhaltend und pragmatisch vor; anders als ihre Vorgängergenerationen legt sie vermehrt Wert auf Ordnung und Stabilität. Die Generation Z beschäftigt sich intensiver mit Themen aus lebensnahen Bereichen wie Umweltschutz, Politik und Gesellschaft und ist angesichts aktueller Ereignisse und einem damit einhergehenden Ohnmachtsgefühl bezüglich ihrer persönlichen Einwirkungsmöglichkeiten um ihre Zukunft besorgt (OC&C 2019, S. 20; W&V 2019).

Gleichzeitig zeichnet ein Streben nach materiellem Besitz die Gen Z ebenfalls aus; ihr ist Status und Anerkennung wichtig und sie möchte stets in der Gesellschaft zu den Innovatoren oder „Early Adopters" bei Produkten und Trends gehören. Denn dies ist auch ein Ausdruck persönlichen Erfolges, der ebenfalls zu den angestrebten Werten der Angehörigen der Generation Z gehört (Fromm 2018). Dazu zählt, immerzu und überall vernetzt zu sein, um sich mit ihren Peers austauschen und im Austausch mit diesen ihre persönliche Orientierung finden zu können. Durch die technisch mögliche, als normal erlebte und ständig gelebte omnitemporäre digitale Interaktion und Kommunikation steht die Generation Z aber auch stärker als die vorherigen Generationen unter dem Einfluss unendlicher externer Inspirationsquellen wie Familienangehörigen und Freunden sowie medialen „Influencern" (Mörstedt 2017; OC&C 2019, S. 7).

In diesem konformen Generationsverhalten sucht die Alterskohorte der Generation Z nach persönlicher und erkennbarer Individualität, denn ihre Mitglieder möchten einzigartig sein und sich entsprechend kommunikativ auch so darstellen. Die Publikation von eigenem Content in den sozialen Netzwerken, ein eigener Kommunikations- und Lebensstil, eine individuelle Meinung und ungewöhnliche Hobbies sind deshalb stärker ausgeprägt als bei den vorherigen Generationen. Dies führt bei Produkt- und Kaufentscheidungen dazu, dass maßgeschneiderte, personalisierte oder limitierte Auflagen bei der Gen Z beliebt sind und bevorzugt werden (OC&C 2019, S. 16 f.).

Ein weiterer wichtiger ethischer Wert für die Gen Z ist Ehrlichkeit und Authentizität, die sie von ihrem direkten Umfeld wie von Unternehmen erwarten und dank digitaler Möglichkeiten kritisch prüfen und hinterfragen können. Ebenso ist für diese jungen Konsumenten die Geschlechtergleichheit und die Diversity von Lebensformen und Herkunft moralisch essenziell und deren Akzeptanz stellt einen grundsätzlichen gesellschaftlichen Wert für sie dar, der auch von Unternehmen gelebt werden sollte (Fromm 2018). Die Generation Z ist gesellschaftlich engagiert und tritt für die Werte ein, die sie für richtig halten. Den Trend des bewussten Konsums und dem Streben nach nachhaltigem Verhalten, den die vorhergehende Generation Y initiierte, setzt die Generation Z fort. Insbesondere in der sozialen Verantwortung engagieren sie sich – Tierschutz, Klimaschutz, Gleichstellung, Vielfalt und Menschenrechte sind die wichtigsten ethischen Themen für sie (OC&C 2019, S. 20 f.).

Aufgrund der wachsenden Globalisierung und dem damit verbundenen internationalen kulturellen und wirtschaftlichen Austausch zwischen Regionen und Kulturen über Grenzen hinweg, sieht die Gen Z für sich persönlich geografisch wie beruflich grenzenlose Möglichkeiten. Dies führt neben der grundsätzlichen internationalen Orientierung dieser Altersgruppe dazu, dass die jeweilige nationale Generation Z sich global untereinander ähnlicher als jede Generation zuvor ist. Getrieben wird dies vorrangig durch den homogenisierenden Effekt der grenzüberschreitenden Digitalisierung und weltweiten Kommunikationsmöglichkeit z. B. über Social Media: Mitglieder der Generation Z können sich wie keine andere Alterskohorte global austauschen, da sie auf die gleichen Medien und Informationen weltweit zugreifen (OC&C 2019, S. 11).

Aufgrund ihrer omnipräsenten und weltumfassenden Kommunikations- und Informationsfähigkeit und damit einhergehend globalenr Wahrnehmung von Themen und Trends, Ideen und Kampagnen, Protagonisten und Prominenten ist die Generation Z eine starke und treibende Kraft hinter aktuellen Markt- und Konsumtrends; sie berät dabei auch ihre Eltern und Großeltern bei größeren Familien- und Haushaltsanschaffungen. Aufgrund ihrer kommunikativen Vernetzung, ihres politischen Engagements und ihrer Beeinflussung von und durch Altersgenossen, Eltern sowie Großeltern kommt der Generation Z als Adressaten, Multiplikatoren und Beeinflussern von Meinungen und Entscheidungen große Bedeutung zu (Criteo 2018; Livadic 2018; OC&C 2019, S. 12). Denn sie hat auch gelernt aufgrund der Digitalisierung und Transparenz von Märkten und Anbietern den besten Preis oder das passende Angebot schnell zu finden (Fromm 2018; OC&C 2019, S. 15).

Als Konsumentengruppe gibt die Generation Z gerne mehr Geld aus für Produkte, die das für sie richtige Image vermitteln – insbesondere für Technik und Fashion – denn sie wollen sich mit den Werten von Produkten und Dienstleistungen identifizieren können (Fromm 2018; OC&C 2019, S. 14 f.; W&V 2019). Preis und Qualität sind zwar die wichtigsten Kaufkriterien, allerdings spielen auch bislang sekundäre Faktoren wie Stil, Nachhaltigkeit, Einzigartigkeit und Flexibilität eine große Rolle. Die Kombination aus einer größeren Anzahl von Kaufkriterien und intensiveren Kaufrecherchen auf Online-Sales-Plattformen führt bei der Generation Z zu einer grundsätzlich besser informierten – und anspruchsvolleren – Konsumentengruppe (OC&C 2019, S. 14). Im quasi Gegenzug lässt die Generation Z es zu, dass ihre Daten genutzt werden dürfen, um für sie maßgeschneiderte Werbung und Websites zu erstellen, da diese dann relevant für sie sind. Denn als pragmatische Konsumenten entlastet dies ihre selektive Aufmerksamkeit und fördert die schnelle Informationssuche (Criteo 2018, S. 23). So kennt der Großteil der technikaffinen Generation Z Smartwatches, Virtual Reality und Chatbots; 70 % von ihnen erledigen ihre Aufgaben digital und fast alle können sich ein Leben ohne Internet nicht vorstellen (Livadic 2018).

Die häufige Nutzung von Omnichannel-Shopping ist in der Generation Z typisch – 34 % der jungen Konsumenten verwenden „Webrooming" (Online informieren, im Geschäft kaufen) oder „Click & Collect" (Online kaufen, im Geschäft abholen). 28 % nutzen die „Scan & Scram"-Einkaufsmethode – sie sehen sich ein Produkt im Laden des Retailers an und bestellen dann von dort im Onlineshop eines anderen, günstigeren Anbieters. Ein Viertel der Generation Z prüft das Produkt im stationären Handel und kauft es noch von dort im Onlineshop des jeweiligen Retailers („Click & Ship"). 23 % der Generation Z schaut sich im stationären Geschäft das Produkt an und kauft es später im Online-Shop („Showrooming") (Criteo 2018, S. 17). Dabei treibt die Generation Z den Mobile-eCommerce an, da sie die erste Generation ist, die in ihrer Freizeit mehr Zeit am mobilen Smartphone verbringt als am stationären Desktop. So bestellt 62 % der Generation Z mindestens gelegentlich, 17 % häufig in Online-Shops – durch die Omnipräsenz des Smartphones wird aus dem früheren „Mobile First" ein „Mobile Only" in der Kommunikation dieser Konsumentengruppe (elbdudler 2018, S. 16).

Aber auch an den stationären Handel hat die Gen Z neue Ansprüche. 80 % der Alterskohorte stöbert gerne in Straßengeschäften, wenn sie die Zeit hat; 77 % zieht jedoch auch den Online- dem stationären Kauf vor. Beim stationären Kauf nutzt 70 % zudem das Smartphone, um sich über den geplanten Kauf vorab oder zeitgleich im Ladengeschäft zu informieren. Über die Hälfte möchte außerdem Dinge vor dem Kauf ausprobieren. Der Besuch von neuen Retail-Geschäften liegt daher bei 76 % der Generation Z im Trend. Die wichtigsten Faktoren für den Besuch im Geschäft sind das „Store Design" (40 %), gefolgt von besseren Möglichkeiten, „Produkte auszuprobieren" (38 %), „mehr einzigartige Produkte" (35 %) und „Aufsteller, welche die Produktanwendung zeigen" (30 %). Mit diesen Angaben ist die Generation Z die Altersgruppe, die am meisten an Store Design, einzigartigen Produkten und Aufstellern interessiert ist (Criteo 2018, S. 14).

Als aktive Generation ist die Generation Z immer auf der Suche nach neuen gemeinschaftlichen Aktivitäten; trotz der Nutzung von und Integration in große soziale Netzwerke haben 83 % lieber wenige enge Freunde statt viele Bekannte. Und da für rund die Hälfte der Gen Z Individualität wichtig ist, um sich von anderen abzuheben, spielen Marken eine große Rolle: Fast die Hälfte der Generation Z findet Marken und deren Lifestyle wichtig; sie zahlen gerne mehr, um etwas zu besitzen, das nicht jeder hat (Livadic 2018). Dementsprechend sind die jungen Konsumenten auch für Neues offen: 71 % probiert gerne neue Marken aus, auf die sie vorrangig durch Word-of-Mouth aufmerksam gemacht werden: Mit 53 % kommt über die Hälfte der Empfehlungen dabei von Familien und Freunden. Außerdem wird ihr Interesse an neuen Produkten und Services durch das Internet (44 %), am POS (43 %), durch TV-Werbung (36 %) und die sozialen Netzwerke (32 %) geweckt (Livadic 2018).

3.3   Mediales Kommunikationsverhalten

Neben dem Wissen über gesellschaftliche Prägefaktoren, sozio- und psycho-graphische Merkmale und soziale Werte unterstützen gerade auch Insights über das Kommunikations- und Mediennutzungsverhalten der Generation Z eine effektive und effiziente Marketingkommunikation mit dieser Zielgruppe. Grundsätzlich steht das Smartphone als Medien-Hardware zentral im Kommunikationsverhalten der Generation Z: Beinahe 100 % der Generation Z besitzt ein

Smartphone (IZI 2019, S. 5), das auch entsprechend häufig oder ständig zum Kommunizieren, Informieren oder Interagieren genutzt wird (Criteo 2018; elbdudler 2018, S. 5).

Das Internet wird von 97 % der Zielgruppe verwendet, wobei mit rund 200 Minuten die Nutzungszeit entsprechend überproportional hoch gegenüber dem Bundesdurchschnitt ist (IZI 2019, S. 32). Besonders hoch ist auch die Internetnutzung unterwegs. Zwei Drittel der Jugendlichen benutzt täglich mobiles Internet – im Vergleich zu nur einem Drittel der Gesamtbevölkerung (IZI 2019, S. 51).

Mit deutlich über 90 % ist WhatsApp der meistgenutzte Messengerdienst und wird mehrfach täglich für die persönliche Text-Bild-Kommunikation eingesetzt. Bei den nachfolgend häufig genutzten Social-Media-Netzwerken sind besonders YouTube und Instagram relevant. Ebenfalls genutzt werden Facebook (67 %), Snapchat (51 %) und Pinterest (23 %) – jedoch deutlich weniger als WhatsApp, YouTube und Instagram (elbdudler 2018, S. 7; IZI 2019, S. 35, 52). Die Gen Z ist deshalb nicht nur „always on", sondern auch eine „Generation YouTube", die stark audiovisuell geprägt ist und mit Fotos und Videos kommunikativ agiert. Des Weiteren ist bei der Generation Z das „Secondscreen-Phänomen" bei der Bewegtbildnutzung besonders ausgeprägt: Die zeitgleiche Nutzung des Smartphones mit entsprechenden Apps oder Social-Media-Kanälen während der Nutzung von linearem Fernsehen ist weit verbreitet (Livadic 2018).

Die klassischen Medienkanäle im Print- wie audiovisuellen Bereich werden von der Generation Z grundsätzlich wenig genutzt. Über ein Drittel schaut kein lineares Fernsehen mehr, und wenn, dann mit einem deutlich geringeren Zeitbudget als mit der Rezeption von Online-Videos z. B auf YouTube. Diese werden von 97 % der Generation geschaut (IZI 2019, S. 8; Livadic 2018). TV-Programm, Serien, Filme und Videos werden täglich konsumiert, allerdings wird bei 70 % das Smartphone als Second Screen mitgenutzt. Dabei werden mediale Inhalte räumlich überall und zeitlich jederzeit konsumiert – jedoch spezifische Inhalte auf verschiedenen Geräten rezipiert: Der Fernseher dient dem Konsum von Film- oder Serienerlebnissen, während kürzere Videos – vor allem unterwegs – auf dem Smartphone geschaut werden (Livadic 2018). Auch linearer Hörfunk wird ebenfalls nur noch von zwei Dritteln der Altersgruppe der ab 1998 Geborenen genutzt. Generell haben Streaming-Dienste für Bewegtbild (z. B. Netflix) und Musik (z. B. Spotify) bei der Gen Z sowohl lineares privates wie öffentlich-rechtlich ausgestrahltes Fernsehen als auch Radio in der Beliebtheit und Nutzungshäufigkeit übertroffen (Criteo 2018, S. 12; elbdudler 2018, S. 10; IZI 2019, S. 8, 26 f.). Auch bei der konkreten Informationssammlung über aktuelles Geschehen insbesondere in Politik werden von der Generation Z Apps oder Online-Medien verwendet; gedruckte Medien wie Zeitungen, Zeitschriften und auch Bücher haben mit einer Nutzung zwischen 5 % und 12 % eine sehr niedrige Relevanz im Vergleich zur Gesamtbevölkerung (IZI 2019, S. 9 f.).

3.4   Konsumverhalten und Customer Journey

Die generationsspezifischen Werte und das altersgruppentypische Kommunikationsverhalten der Generation Z wirken sich dementsprechend auch auf den Konsum, die Kontaktpunkte mit Marken und Werbung und die Customer Journey aus. Aufgrund der Vielzahl an Medienkanälen und Brand Touchpoints ist eine holistische Consumer-Journey-Betrachtung angebracht – eine differenzierte Analyse möglichst aller physischen und digitalen Schritte, Phasen und Stationen der Konsumentenreise.

Grundsätzlich ist die Customer Journey der Generation Z eine fast 100-prozentige digitale Reise mit entsprechend digitalen Touchpoints zwischen Unternehmen, Angeboten, Kommunikation und ihr als potenzielle Konsumenten oder aktive Kunden. Dabei nutzen die Mitglieder der Gen Z sowohl online als auch offline eine hohe Anzahl von Inspirationsquellen, beispielsweise beim Kleidungskauf durchschnittlich drei Quellen – deutlich mehr als die vorhergehende Generation Y mit durchschnittlich 2,3 Inspirationsquellen (OC&C 2019, S. 13). Die Abb. 3.1 zeigt eine typische digitale Customer Journey eines Jugendlichen der Generation Z anhand seiner präferierten und begleitenden Medienkanäle, den Touchpoints und den Marketingstufen.

Eine protypische Customer Journey eines Vertreters der Generation Z könnte wie folgt aussehen: Von Marken oder Produkten erfährt der Jugendliche durch

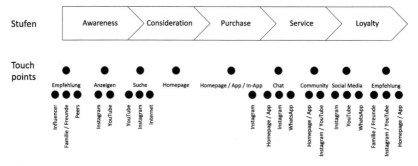

Abb. 3.1 Customer Journey. (Quelle: eigene Abbildung in Anlehnung an Criteo 2018; elbdudler 2018; OC&C 2019)

Empfehlungen von Social-Media-Influencern, Familienangehörigen, Freunden oder Mitgliedern seiner „Peer Groups", da er aufgrund seiner permanenten Vernetzung mit diesen häufig kommuniziert und von diesen wiederum auch leicht beeinflussbar ist. Eine weiterer „Awareness-Kanal" ist Werbung auf den meistgenutzten Social-Media-Plattformen Instagram und YouTube. Anschließend beschäftigt sich das Mitglied der Generation Z intensiver mit der Marke, der Dienstleistung oder dem Produkt, indem es Produktinformationen, Bilder, Anwendungen und Rezensionen bei YouTube, Instagram oder im Internet auf Produktbewertungsportalen sucht. Online vergleicht die Generation Z entsprechend in den unterschiedlichen Internet-Shops oder Preissuchmaschinen die Preise für das gesuchte Produkt. Diese digitalen Kanäle führen den Gen-Z-Konsumenten auf seiner Customer Journey auf die Website des Produktes, des anbietenden Herstellers oder Händlers. Auch hier informiert sich der Prototyp der Generation Z noch ausführlicher und detaillierter. Wenn sich der Jugendliche oder Heranwachsende zum Kauf entscheidet, erfolgt die Transaktion (Kauf, Vertragsabschluss) entweder auf der Website, in einer App oder über Social Media. Nach erfolgter Lieferung des Produktes ist es möglich, dass Service benötigt wird, der direkt als Chat auf der Homepage bzw. durch eine App oder via Instagram oder WhatsApp vom Unternehmen digital angeboten und genutzt wird. Eine weitere Option ist, dass der Angehörige der Generation Z auf der Homepage des Anbieters oder Händlers oder in den sozialen Netzwerken Käufer-Communities zu seinem Anliegen befragt. Bei Zufriedenheit mit Produkt, Preis und Service wechselt der Kunde der Gen Z in die „Loyalty"-Phase: Er folgt der Unternehmens-, Produkt- oder Dienstleistungsmarke in den sozialen Netzwerken und interagiert mit ihr, indem er die Marke seinem direkten Umfeld und weiteren Interessenten entweder persönlich oder über Social Media empfiehlt sowie Bewertungen auf Social Media oder der Homepage des Anbieters publiziert.

Aufgrund der via Social Media oder andere digitale Kommunikationstools initiierten, bestehenden und gepflegten Verbundenheit zwischen Unternehmen und Gen Z kann sich die Customer Journey zu einem Consumer Circle entwickeln: Gen Z und Unternehmen stehen in ständiger, sich immer wieder aktualisierender Verbindung, die im besten Fall ein geschlossenes System von „Awareness", „Consideration", „Purchase", „Service" und „Loyalty" bildet (Criteo 2018; elbdudler 2018; OC&C 2019).

Marketingkommunikation mit der Generation Z: Erfolgsfaktoren

Wichtige Elemente einer erfolgreichen Marketingkommunikation von Produkten und Dienstleistungen sind zum ersten die Mitglieder der Generation Z auf ihrer vielfältig inspirierten Customer Journey über die treffenden Medienkanäle technisch genau und situativ passend zu erreichen. Zum zweiten spielen Faktoren wie relevante Inhalte, personalisierte Angebote sowie ein emotionalisierender und persönlicher Stil eine wichtige Rolle, um mit der Zielgruppe Generation Z erfolgreich zu kommunizieren und so die vom Unternehmen gewünschte Aufmerksamkeit, Relevanz und Wirkung zu erzielen.

4.1 Erreichbarkeit durch Medienkanäle und Instrumente

Da die Gen Z fast ausschließlich digital kommuniziert und dabei insbesondere Social Media so intensiv nutzt wie keine Generation vor ihr, stellt dieses Verhalten für Unternehmen eine ambivalente Herausforderung dar: Einerseits können über digitale Kanäle die Gen-Z-Konsumenten direkt adressiert, erreicht und der Kontakt mit ihnen gehalten werden. Andererseits ist diese Form fast die einzige wirkungsvolle Art der Marketingkommunikation, um bei ihnen Aufmerksamkeit, Interesse und Begehrlichkeit für Marken, Produkte und Services zu erzeugen. In der Kommunikation mit der Gen Z sollte allerdings nicht der direkte Verkauf von Produkten die primäre Strategie sein, sondern die Schaffung einer atmosphärischen und thematischen Umgebung, die nützlich, bereichernd und unterhaltsam für diese jungen Konsumenten ist.

Durch ihren intensiven und extensiven digitalen Medienkonsum und der damit verbundenen ständigen Rezeption von Content wachsen sie bei erfolgreicher

Produktüberzeugung auch in die Rolle als Markenbotschafter oder Beeinflusser von Freunden und Familienangehörigen hinein. Besondere Wirkung erzeugt dabei ein Content Marketing, das die Konsumenten teilhaben und interagieren lässt. Ideales Ziel der Marketingkommunikation sollte es daher sein, einen **Kommunikations-Hype** (z. B. mit viralen Hits) um die Marke zu kreieren, der das Mitglied der Generation Z als überzeugten „Superfan" gewinnt und diesen dann als authentischen Multiplikator engagieren lässt. Unternehmens-, produkt- oder kampagnenspezifische Hashtags oder ausgelobte Benefits (z. B. Gewinnspiele, Coupons) können die Reichweite der digitalen Kommunikation steigern und zur Interaktion motivieren. Auch eine **Online-Plattform** (z. B. Blog), bei der sich die Mitglieder der Gen Z über Fragen oder Trendthemen austauschen können, die Marken, Produkte und Services des Unternehmens betreffen, schafft die technische und inhaltliche Basis, die für Gemeinschaft zwischen Unternehmen und Gen-Z-Konsumentengruppe sorgt (OC&C 2019, S. 27). Aufgrund der grundsätzlich großen Anzahl von analogen und digitalen Touchpoints, gilt es auf die spezifische Kommunikationssituation und die jeweilige Nutzungsmotivation am Touchpoint bei Omnichannel-Kampagnen zu achten (Livadic 2018).

Ein weiterer beachtenswerter Erfolgsfaktor in der Marketingkommunikation mit Social Media ist die Beeinflussung der Gen Z durch ihr **Peer-Network,** da die Alterskohorte dazu tendiert, sich gegenseitig nachzuahmen und zu beeinflussen. Insbesondere die Kanäle Instagram und YouTube sind Anreger und Verteiler bei dem Entdecken von Marken. Da die Generation Z aufgrund ihrer digitalen Sozialisation den direkten Kontakt zu Unternehmen und Marken sowie nahtlose, off- und online-kanalübergreifende Angebote erwartet, müssen die sozialen Medien integraler Teil einer integrierten Kommunikation mit ihr sein (OC&C 2019, S. 29).

Zur Erreichung des Social-Networking-Effekts in der Kommunikation mit der Generation Z sollte daher eine **Omnichannel-Strategie** entwickelt oder optimiert werden. Im ersten Schritt werden dabei die Zielkunden in den jeweiligen Kanälen ermittelt, um anschließend ein authentisches, kongruentes und konsistentes Markenerlebnis crossmedial zu schaffen und den Mediaeinsatz so zu planen, dass die Gen Z tatsächlich erreicht wird. Konkret sollte es Kontaktmöglichkeiten für den Konsumenten mit der Marke auf allen Kanälen geben, ebenso sollten praktischerweise Empfehlungs- und „Jetzt Kaufen"-Buttons auf den digitalen Präsenzen sowie App-interne Zahlungsmöglichkeiten integriert werden. Der digital omnipräsente Gen-Z-Konsument sollte in einfachen und schnellen Prozessen ohne Medienbrüche an der Stelle seiner Customer Journey abgeholt werden, an der er sich gerade befindet und nicht in eine weitere Reiseetappe entlassen werden (OC&C 2019, S. 29).

Aufgrund der prominenten Bedeutung von digitalen Medien und Social Media im Gen-Z-Kommunikationsleben sollten Produkte und Services grundsätzlich und vorrangig online erhältlich sein, um den Weg von der „Consideration" zur „Conversion" möglichst barrierefrei zu vereinfachen und damit die Kaufwahrscheinlichkeit zu erhöhen. Ein „Must" ist deshalb ein eigener **Online-Shop,** die Präsenz auf Online-Handelsplattformen oder die Kooperationen mit Online-Retailern; als integrierte Bezahlmethode sollte immer PayPal zur Verfügung stehen, da dieses mit 31 % die häufigste Bezahlmethode unter den Jugendlichen ist (elbdudler 2018, S. 17). Da im E-Commerce die relevantesten Faktoren für 58 % der Gen Z sowohl die Optimierung auf Mobilgeräten als auch die kostenlose Rücksendung ist, sollten diese Services in der digitalen Kommunikation hohe Priorität haben (Criteo 2018, S. 22).

Ein weiterer Erfolgsfaktor ist die Wahl des richtigen „Peer-to-Peer"-Marketingmodells in der Kommunikation, bei dem Meinungsführer, überzeugte Kunden oder bezahlte Partner („Affiliates") eingesetzt werden, um die Marke im Netzwerk der Gen Z zu vermarkten. Die erste Option ist das bezahlte **„Influencer Marketing",** bei dem sorgfältig ausgewählte, authentische und einflussreiche Social-Media-Influencer eingesetzt werden, um die adressierte Zielgruppe zu erreichen. Ihr Vorteil ist die hohe Reichweite, die Zielgruppenpassung und das Vertrauen, welche die Konsumenten dem Influencer entgegenbringen; die Herausforderung für Unternehmen liegt in der Auswahl der effektiven Influencer mit passendem Marken-Fit. Die zweite Alternative ist das **„Empfehlungsmarketing",** bei dem für den Konsumenten Anreize (z. B. mit Gutscheinen) gesetzt werden, die vermarktete Marke in seiner „Peer Group" weiterzuempfehlen. Die dritte Variante ist der Einsatz von **„Affiliate Marketing",** bei dem über Erfolgsprovisionen honorierte Partner („Affiliates") als Blog-, Website- oder Newsletter-Publisher von Empfehlungen oder Werbung eingesetzt werden, die so die Produkte des Unternehmens über deren digitale Plattformen und Social-Media-Kanäle kommunizieren (elbdudler 2018, S. 13 f.; OC&C 2019, S. 29).

Da bei der Gen Z YouTube und Instagram die beliebtesten Social-Media-Kanäle sind, sollten Unternehmen fokussiert auf diesen Plattformen agieren, um die Gen-Z-Zielgruppe zu erreichen. Das Potenzial kann ausgenutzt werden, indem gezielt über emotional beeindruckende und beeinflussende Fotos und Videos kommuniziert wird, die im passenden Media-Mix aus klassischen und digitalen Kanälen insbesondere die Mitglieder der Generation Z adressieren (elbdudler 2018, S. 7).

Im direkten Kontakt zwischen Unternehmen und Gen-Z-Konsument sollte aufgrund der hohen Relevanz von mobiler Kommunikation mit WhatsApp und

Smartphone in dieser Zielgruppe diese technische Plattform neben den mehr oder minder öffentlichen Social-Media-Plattformen integraler Bestandteil der Marketingkommunikation sein (elbdudler 2018, S. 7).

Werbung sollte authentische Botschaften, Situationen und Strukturen aufzeigen, die dieser Generation wichtig sind und an denen sie sich orientieren können. Authentische Kampagnen mit snackable Content und einer visuellen und unterhaltsamen Botschaft kommen bei ihr besonders gut an (Absatzwirtschaft 2019; W&V 2019).

4.2   Relevanz durch Content und Angebot

Neben der Auswahl der treffsicheren Medienkanäle stellen der darin kommunizierte Content und das darüber transportierte Produkt- und Service-Angebot weitere wichtige Erfolgsfaktoren im Marketing mit der Generation Z dar. Dies bedeutet konkret, dass Marken im ersten Schritt in der Kommunikation mit Relevanz und Wert identifiziert werden müssen. Unabhängig von der Eignung und Qualität des die Zielgruppe ansprechenden Produktes sowie der Preiswürdigkeit kommt dem emotionalen und erlebnishaften Zusatznutzens der Marke große Relevanz zu. Ebenso pointiert wie authentisch sollte dieser kommuniziert werden, um sich auch mit diesem Faktor „unique" im Vergleich zu Wettbewerbsprodukten zu machen (OC&C 2019, S. 26).

Da bei der Gen Z Werbung grundsätzlich Reaktanzen erzeugt, spielen die Art und Tonalität der Produktkommunikation eine wichtige Rolle. Besonders stark ist die Reaktanz bei **Werbung** im Fernsehen ausgeprägt; nur 5 % der Gen Z schaut sich die Werbung an, während sich 49 % mit dem Smartphone beschäftigt und 25 % umschaltet. Bei Social Media dagegen rezipiert 23 % der Gen Z Werbung, wenn die Inhalte für sie interessant sind; allerdings klicken 32 % sie weg und 30 % fühlen sich gestört. Für die Marketingkommunikation gilt es deshalb, Content und Angebote so interessant, attraktiv und relevant für die Zielgruppe zu gestalten, dass sie von den Jugendlichen nicht nur wahrgenommen, sondern auch rezipiert werden. Die Erfolgsfaktoren für relevante Werbung, die einen Mehrwert schafft, sind für die Gen Z klar definiert: 50 % finden Werbung gut, wenn sie humorvoll ist, aber auch thematisch interessante Inhalte (37 %) oder ein gutes Angebot für ein Produkt, welches sie grundsätzlich kaufen wollte (31 %), aufweist. Außerdem sind Kurzweiligkeit (27 %), Identifikation (22 %) und gesellschaftlich relevante Themen (22 %) der Werbung Motive für positiv wahrgenommene Produktkommunikation (Criteo 2018, S. 23; elbdudler 2018, S. 11 f.). Da sich die Gen Z grundsätzlich in der Werbung

Musik, Humor und Situationen wünscht, die dem echten Leben entstammen, und kurze, überspringbare und unaufdringliche Online-Werbung wünscht, ist abwechslungsreiche, leicht verständliche und relevante Werbung in der erfolgreichen Marketingkommunikation gefordert (Livadic 2018). Die Konsequenz und Herausforderung für die Marketingkommunikation stellt sich demnach wie folgt dar: Werbliche Fotos, Videospots oder Texte, Tweets und Posts sollten die Zielgruppe mit überzeugendem Content und Mehrwert im Angebot für eine Marke begeistern. Denn da über die Hälfte der Generation Z bis zu fünf Marken auf Social Media folgt, ist eine Positionierung durch unterhaltsames, humorvolles, informatives und exklusives Content Marketing ein Erfolg versprechender und wettbewerbsunterscheidender Faktor. Der häufigste Grund zum Folgen einer Marke in Social Media ist mit 70 % das Interesse an Neuigkeiten, Interesse an Angeboten (42 %) und die Verbundenheit zur Marke (36 %) (elbdudler 2018, S. 13).

Der richtige Content sorgt für Relevanz; Marketingkommunikation via Social Media kann aber nicht nur die „Awareness" beeinflussen, sondern auch „Consideration" und „Sales": 44 % der Gen-Z-Jugendlichen gibt an, schon einmal etwas von einer Marke gekauft zu haben, weil ihr ein Beitrag der Marke auf Social Media gefallen hat. Weitere 23 % hat zwar nicht gekauft, aber sich zusätzlich auf Social Media informiert. Damit die Beeinflussung der Kaufabsicht wächst und der Absatz steigt, ist es wichtig, Content, Targeting und Commerce strategisch und kreativ zusammenzuführen (z. B. durch „Jetzt Kaufen"-Buttons, Rabatte) (elbdudler 2018, S. 14).

Aufgrund des nicht-stationären, ausgeprägten digitalen Shopping-Verhaltens mit entsprechenden Live-&Vor-Ort-Kauferlebnissen ist es für Werbungtreibende wichtig, personalisierte **Shoppingerlebnisse im Netz** zu schaffen: Produktkollektionen in limitierten Auflagen, Service-Upgrades und exklusive Produkte regen die Gen Z ebenso zum Konsum an wie dynamische Web-Inhalte, 360-Grad-Abbildungen von Produkten, Produktvideos und Rezensionen der „Peer"-Gruppe sowie die Nutzung von persönlichen Daten für personalisierte – und damit zielgruppensympathische – Werbung (Criteo 2018, S. 25).

4.3   Identifikation durch Werte

Als engagierte Konsumenten, die sich mit ihrem Konsum und dem der Gesellschaft bewusst auseinandersetzen, erwartet die Gen Z von Unternehmen grundsätzlich ethisch und sozialverantwortliches Handeln – insbesondere bei der Produktion und Vermarktung ihrer Marken. Da die Generation Z aufgrund ihrer

digitalen Vernetzung immer informiert sein kann, ist sie in der Lage beispielsweise Beschäftigungspraktiken von Unternehmen bei der Produktion von sie
interessierenden Produkten kritisch zu prüfen und gegebenenfalls als unethisch zu
entlarven (OC&C 2019, S. 20).

Deshalb sollte die **ethische Positionierung eines Unternehmens oder
einer Marke** authentisch sein, um die Generation Z zu überzeugen. Beginnend
mit den in der Marken-DNA verankerten Werten sollten Unternehmen bei der
Ausrichtung der Marketingstrategie auf die Zielgruppe Gen Z die gesamte
Wertschöpfungskette überprüfen, um hohe ethische Standards entsprechend
sicherzustellen. Ein ebenso hoher ethischer Anspruch sollte an die Unter-
nehmens- und Produktkommunikation gestellt sein – sie sollte identitätsbasiert,
transparent, direkt und proaktiv sein (OC&C 2019, S. 31).

Durch die Einbindung von Unternehmensmitarbeitern als **„Brand
Ambassador"** können diese als Multiplikatoren und Influencer authentisch die
Markenwerte von Unternehmen, Produkten oder Dienstleistungen nach innen
und außen vertreten. Auch in der medialen Marketingkommunikation sollten die
ethischen Werte in der Werbung als auch in unternehmensinternen Mitteilungen
betont werden, um diese zu verankern und als **„Social Purpose"** selbstver-
ständlich und authentisch zu kommunizieren. Ein Beispiel für die erfolgreiche
Kommunikation eines „Social Purpose" ist die NIKE-Kampagne mit dem ehe-
maligen NFL-Quarterback Colin Kaepernick, der US-Präsident Trump kritisiert
hatte und deswegen von Spieleinsätzen suspendiert wurde. Die NIKE-Werbung
mit Kaepernick fokussierte auf die Aussage „Glaube an etwas, auch wenn du
alles dafür opfern musst" und verband damit persönliche und gesellschaftliche ethische Werte mit der beworbenen Marke NIKE. Die Kampagne fand
insbesondere bei der Gen Z viel Zuspruch und beförderte NIKE zu einer der
beliebtesten Marken in dieser Alterskohorte (OC&C 2019, S. 31).

4.4   Authentizität durch Kongruenz

In der Marketingkommunikation mit der Generation Z sollten Unternehmen und
Marken authentische und überzeugende Botschaften konsequent kommunizieren
und „Geschichten" rund um Unternehmen, Produkte, Dienstleistungen und deren
Welt sowie Konsumenten und User erzählen („Storytelling"), um von dieser hoch
kommunikativen Zielgruppe wahr- und ernst genommen zu werden.

Entlang des klassischen Prozesses der Identifikation, Definition und
Kommunikation der „Corporate Identity" sollte daher im ersten Schritt die
„Mission" des Unternehmens klargestellt werden. In dieser identitätsschaffenden

Aufgabenbeschreibung sollte sich das Unternehmen mit seinen Angeboten klar vom Wettbewerb abgrenzen, den Bedürfnissen der adressierten Konsumenten entsprechen und auch einen unternehmensethischen Wert schaffen. Diese Positionierung gilt es dann konsistent und unverwechselbar nach innen wie nach außen in allen Kanälen zu kommunizieren; die „Corporate Identity" und das Markenerlebnis sollten an jedem Touchpoint mit den Konsumenten der Gen Z kongruent vermittelt werden, um ein authentisches und identitätsbasiertes Markenimage bei ihnen zu schaffen (OC&C 2019, S. 33).

4.5   Einzigartigkeit durch Personalisierung

Das Streben der Generation Z nach Einzigartigkeit und der Darstellung ihrer Persönlichkeit und Individualität in der „Peer Group" führt bei der Wahl von Produkten und Dienstleistungen in dieser Alterskohorte dazu, dass grundsätzlich besonders ungewöhnliche oder einzigartige Angebote bevorzugt, gesucht und gewählt werden. Die Mitglieder der Gen Z möchten innerhalb und außerhalb ihrer Alterskohorte herausstechen – auch wenn sie aufgrund ihres ebenso vorhandenen Wunsches nach Stabilität und Ordnung dieses nur innerhalb fester Grenzen anstrebt und umsetzt (OC&C 2019, S. 25). Unternehmen sollten daher ihre digitalen Präsenzen, insbesondere Online-Shops, durch personalisierte Angebote gezielt und strategisch auf die individuellen Wünsche und Bedürfnisse der Gen Z auf ihrer Customer Journey beim von ihnen präferierten Online-Shopping ausrichten.

Die Produkt- und Dienstleistungsangebote sollten dabei ganzheitlich – vom Produkt und der Produktverpackung über die Werbung und den Point-of-Sale bis zum Kundensupport – dem **„Einzigartigkeitsgedanken"** folgen. Zur Ausführung muss unter Umständen die Wertschöpfungskette modifiziert werden, ohne durch die Personalisierung die Wirtschaftlichkeit des Unternehmens infrage zu stellen. Bei einer derartigen „Uniqueness"-Strategie bieten sich drei Varianten, auch als Kombinationen, an: (OC&C 2019, S. 25).

1. Die Variante **„Einmaligkeit"** setzt auf individuelle, einzigartige Produkte oder Dienstleistungen, die dem Gen Z-Konsumenten bei Kauf und Nutzung das Gefühl der persönlichen Besonderheit vermitteln.
2. Die Variante **„Personalisierung"** bindet den Konsumenten so ein, dass dieser mitbestimmt, welche Angebote ihm vorgeschlagen werden und er gestaltet diese mit („Co-Creation"). Dadurch fühlt sich der Gen Z-Konsument selbst einzigartig und erlebt ein quasi intimes Markenerlebnis.

3. Die Variante „**Limitierung**" in Form von Design-Kooperationen und limitierten Auflagen. Damit können auch Mainstream-Marken dem Wunsch der Einzigartigkeit gerecht werden, ohne ihr Geschäftsmodell grundsätzlich ändern zu müssen.

4.6   Emotionalisierung durch Erlebnisse

Der Wunsch der Gen Z nach Erlebnissen trotz – oder gerade wegen – ihres ausgeprägten digitalen Kommunikations- und Konsumverhaltens führt zu weiteren unternehmerischen Handlungsfeldern in der Inszenierung und Kommunikation von Marken. So sollte das stationäre Einkaufserlebnis aufgewertet werden, um beispielsweise durch „**Pop-up Stores**" eine Marke dreidimensional, emotional, multisensuell, ungewöhnlich und real zumindest in einem begrenzten Zeitraum erlebbar zu machen. Via Social Media und durch die Einbindung von Influencern in die Marketingkommunikation können derartige Live-Inszenierungen von Produkten und Dienstleistungen angekündigt und begleitet werden (OC&C 2019, S. 26).

Aufgrund der digitalen Prägung der Generation Z kann „**Immersives Marketing**" ebenfalls das emotionale Erleben von Marken unterstützen. Mit Hilfe von „Virtual Reality" oder „Augmented Reality" können Produkte und Marken in einer erweiterten Realität und emotionalen Aufladung präsentiert werden und somit an entsprechend geeigneten Touchpoints für die Zielgruppe außergewöhnliche, die Customer Journey positiv beeinflussende Erlebnisse geschaffen werden. In Kombination mit einer „Einzigartigkeitsstrategie" können auch besonders emotional aktivierende Personalisierungserlebnisse eingesetzt werden, indem der Konsument im Retail bei Design oder Produktion „seines" Produktes live mitentscheiden und mitgestalten kann (OC&C 2019, S. 26).

Auf das Angebot positiv einzahlende Emotionalität kann auch über die Tonalität der Produktkommunikation aufgebaut werden. Da **Humor** ein wichtiger Faktor für die jugendlichen Mitglieder der Generation-Z-Kohorte ist – ebenso wie die Identifikation mit dem Unternehmen – schafft eine unterhaltsame, humorvolle Tonalität auf Augenhöhe mit der Gen Z in der Werbung Glaubwürdigkeit und emotionale Authentizität (elbdudler 2018, S. 12).

Digitale Markenstrategie für die Generation Z: Empfehlungen

5

In einer effizienten und effektiven Marketingkommunikation, die gezielt die Generation Z adressiert, gilt es, die Erfolgsfaktoren in eine digital geprägte Markenstrategie einzubinden, die in die übergeordnete generelle Markenstrategie des Unternehmens integriert ist. Dabei stehen im Zentrum der Strategie und Umsetzung die grundsätzliche digitale Markenidentität sowie die relevanten Brand Touchpoints und die digitale Kommunikation mit der Gen-Z-Zielgruppe.

5.1 Digitale Markenidentität

Da die Generation Z sich an traditionellen Werten orientiert und Authentizität ihr wichtig ist, darf und sollte die **Herkunft** der Marke in der Marketingkommunikation betont werden. Denn das Prononcieren der historischen Wurzeln der Marke („Heritage") tragen zur Glaubwürdigkeit und Zuverlässigkeit ebenso bei wie die Thematisierung der damaligen wie aktuellen „Vision" der Marke. Auch hier gilt eine authentische Kommunikation, damit sie Werthaltigkeit und Begehrlichkeit in der Gen Z hervorruft (OC&C 2019, S. 14).

Auch die **Markenkompetenz** sollte in der digitalen Darstellung und Wahrnehmung der Marke eine prominente Rolle spielen, indem der Kernnutzen dessen, was die Marke besonders gut kann, ehrlich und authentisch kommuniziert wird. Da für die Gen Z auch Innovation, Zuverlässigkeit, Schnelligkeit und Einzigartigkeit wichtige Kompetenzen sind, sollten Unternehmen mit diesen als digitale DNA in der Marketingkommunikation spielen. Im idealen Marketingmix für die Zielgruppe der Generation Z bilden innovative Produkte, eine Premiumpreisstrategie, futuristische und digitale Verkaufsflächen sowie neuartige Marketingkommunikationskampagnen die Kompetenz der digitalen Marke ab.

© Der/die Herausgeber bzw. der/die Autor(en), exklusiv lizenziert durch Springer Fachmedien Wiesbaden GmbH, ein Teil von Springer Nature 2020
M. Kleinjohann und V. Reinecke, *Marketingkommunikation mit der Generation Z*, essentials, https://doi.org/10.1007/978-3-658-30822-3_5

Die **Eigenschaften der Marke,** zusammengefasst in den Markenattributen, sollten einzigartig, authentisch, transparent, kommunikativ und emotional vom Unternehmen digital transportiert und von der Zielgruppe in allen digitalen Kanälen wahrgenommen werden. Deshalb gilt es, die Marke und Markenattribute crossmedial über alle analogen und digitalen Kanäle mit einer entsprechenden Mediaplanung zu kommunizieren (Criteo 2018, S. 20; elbdudler 2018, S. 10; OC&C 2019, S. 29).

Vor dem Hintergrund, dass den Generation- Z-Mitgliedern **Werte** vergleichsweise wichtig sind, sie ethisch und sozialverantwortliches Handeln von Marken erwarten und sich als engagierte Konsumenten auch für die Einhaltung ihrer Werte einsetzen sowie ihre Relevanz bei Marken abgleichen, bedarf es von Unternehmensseite eines entsprechend werteorientierten Produktmanagements und -marketings (OC&C 2019, S. 31). Unternehmen müssen nachvollziehbar konform zu ihren Werten handeln, Corporate Social Responsibility und nachhaltiges Management müssen umgesetzt und eingehalten werden: **„Purpose Driven Branding" oder „Marketing 3.0"** als gesellschaftliche und ethische Aspekte in Marketingmaßnahmen sowie über den eigentlichen Verkauf hinausgehende sinnstiftende Produkteigenschaften oder Marketing-Aktionen sollten zum Instrumentarium der Kommunikation mit der Gen Z gehören. Zielführend für eine erfolgreiche Marken-Gen- Z-Beziehung ist es, wenn sich die Marke für etwas einsetzt, was in dieser Generation von großer Bedeutung ist – z. B. Klimawandel, Geschlechtergleichstellung oder Toleranz gegenüber Minderheiten. Diese Werte sollten konsequent und kontinuierlich über alle Unternehmensbereiche hinweg verkörpert und kommuniziert werden, damit die Generation Z sich auch entsprechend stark mit der Marke identifiziert. Aufgrund der digitalen Überprüfbarkeit können Abweichungen von dem vom Unternehmen kommunizierten Wertekodex und Unehrlichkeit von Vertretern der Gen Z schnell herausgefunden werden und schaden damit langfristig der Authentizität der Marke (OC&C 2019, S. 33).

Die Konkretisierung und Kommunikation der Werte in der **Markenpersönlichkeit** des Unternehmens dienen ebenfalls zur Identifikation der jungen Konsumenten mit der Marke. Deshalb sollte die Persönlichkeit der Marke in ihren Grundsätzen nicht verändert werden, um die Authentizität zu wahren. Die Kommunikation der Markenpersönlichkeit sollte in der Sprache und auf Augenhöhe mit den Jugendlichen erfolgen, ohne sich anzubiedern – insbesondere in einer direkten Kommunikation um quasi-emotionale Nähe über die digitale Entfernung herzustellen. Auch die Beschreibung der Markenpersönlichkeit durch Humor, Zuverlässigkeit, Wertetreue als „cool" wirken positiv auf die digitale Beziehung zwischen Konsumenten und Unternehmen und schaffen Vertrauen und Orientierung.

Das digitale **Markenbild** sollte mit allen multisensorischen Komponenten der Marke und insbesondere ihrer Tonalität gegenüber der Generation Z kommuniziert werden. Ein konsequent eingesetztes einzigartiges „Corporate Design", konsequent in allen Kanälen umgesetzt, hilft Unternehmen dabei, sich auch digital vom Wettbewerb abzugrenzen und eine Wiedererkennung mit hoher, von der Zielgruppe gewünschten Authentizität an allen Brand Touchpoints zu schaffen. Konkret kann auch das digitale Markenerlebnis multisensuell intensiviert werden, wenn im „Acoustic Branding" in der Marketing-kommunikation z. B. auf beliebte Musik der Jugendlichen zurückgegriffen wird (Kleinjohann 2020). Dabei gilt es generell, und insbesondere für die eingesetzte Sprachtonalität, die Marke nahbar erscheinen zu lassen und verständlich in der Sprache der Gen Z zu kommunizieren.

5.2 Digitale Brand Touchpoints

Aufgrund des grundsätzlich hybriden, aber primär digitalen Verhaltens der Generation Z bei Kommunikation und Shopping, mit dem diese sich von den Vor-gängergenerationen unterscheidet, ist sie auch an anderen Brand Touchpoints als z. B. die Generation Y anzutreffen und in ihrer Customer Journey zu erreichen. Entsprechend muss die Marketingkommunikation diese anderen Kommunikations- und Medienkanäle beachten sowie crossmedial und integriert einsetzen.

Da die Customer Journey der Gen- Z-Konsumenten überwiegend mobil und digital verläuft, müssen für die Marketingkommunikation an den Touchpoints in **technischer Hinsicht** auf mobile Devices wie das Smartphone und Tablets und in **medialer Hinsicht** auf digitale Plattformen wie Social Media gesetzt werden. Für die zielgruppengerechte Ausspielung von textlichem oder multimedialem Content muss dieser formatresponsiv auf die Bildschirme angepasst sein und adäquat mobil publiziert und rezipiert werden können („Mobile First") (elbdudler 2018, S. 5).

Einer der beliebtesten und von der Gen Z meistgenutzten Medienkanäle ist die Videoplattform **YouTube,** auf der Unternehmen sowohl einen eigenen Marken- bzw. Unternehmenskanal publizieren, als auch Werbung schalten können. Da ein Unternehmens-YouTube-Kanal mit eigenen Videos einen relativ hohen Verwaltungs- und Planungsaufwand bedeutet, ist er nur für Unternehmen sinnvoll, die sich diesen Aufwand leisten und auch regelmäßig genügend hoch-wertigen, unterhaltsamen Content kreieren können. Wenn dies aber geleistet wird, ist die Kontaktchance an diesem Brand Touchpoint insbesondere in der digital aktiven und bewegtbildaffinen Zielgruppe der Generation Z groß (Collins 2019).

Eine Alternative zum eigenen, aufwendigen YouTube-Kanal stellen YouTube-Anzeigen dar, die zielgruppenorientiert auf der Bewegtbild-Plattform ausgespielt werden. Zwei der zahlreichen YouTube-Anzeigenformate sind als kurze, unterhaltsame und interagierende Formate für die Adressierung der Gen Z besonders empfehlenswert: „TrueView Video Ads" und „Bumper"-Anzeigen. „TrueView Video Ads" können nach fünf Sekunden vom Nutzer übersprungen werden und verursachen bei der Werbespotüberspringung keine Kosten beim werbungtreibenden Unternehmen. „Bumper Ads" sind sechs Sekunden lang und vom User nicht überspringbar. Beide Werbevarianten auf YouTube kommen dem Wunsch der Alterskohorte Gen Z nach kurzweiliger Werbung nach, wobei bei „TrueView Video Ads" auch Interaktionen möglich sind, die zur längeren Rezeption des Werbespots führen. Es gilt also für Unternehmen gerade auch am vielgenutzten Bewegtbil-Touchpoint YouTube unterhaltsamen Content zu publizieren, der kurzweilig, emotional und aufmerksamkeitsstark die Werbebotschaft auf den Punkt vermittelt (Schuhmann 2018). Da aufgrund der hohen Mobilität die Mitglieder der Generation Z unterwegs häufig streamen, sollten alle Videos mit Untertitel produziert und publiziert werden, damit die Botschaft auch ohne Ton konsumiert werden kann.

Eine weitere Möglichkeit ohne unternehmens- oder markeneigenen YouTube-Kanal die Gen-Z-Zielgruppe zu erreichen, bieten Kooperationen mit **Influencern,** die auf YouTube präsent sind. Kooperationen mit Influencern sorgen einerseits für eine hohe Reichweite in der Zielgruppe und andererseits für hohe Einflusschancen der Influencer auf die Jugendlichen an diesem Media-Touchpoint. Die Auswahl des zur Marke und Marketingkommunikationsstrategie passenden Influencers sollte anhand von Zielgruppenpassung, Engagement, Content oder Followeranzahl erfolgen. Die inhaltlich denkbaren Videoformate „Haul", „Unboxing", „Produktanwendungen", „Produktplatzierungen", „Gewinnspiele" oder „Gutscheine" kommen dem Wunsch der Gen Z nach Rezensionen, Produktverwendungen und speziellen Angeboten entgegen (Funke 2019; Jahnke 2018; Lammenett 2019; Nirschl und Steinberg 2018).

Der weitere wichtige Social-Media-Kanal und damit für Unternehmen in der Beziehung zur Generation Z relevante digitale Brand Touchpoint ist die Plattform **Instagram.** Auch hier gilt es für Unternehmen sich und ihre Marke ständig aktuell und attraktiv zu kommunizieren: Attraktiver und zielgruppenadäquater Content sollte regelmäßig gepostet werden, das Markenprofil auf dem neuesten Stand gehalten werden, um die Gen-Z-Follower engagiert zu halten (Grabs et al. 2018; Kobilke 2019). Dazu bieten sich auf der Plattform „Instagram-Stories" an, mit denen Neuigkeiten aus dem Unternehmen und Informationen zum Produkt oder zur Dienstleistung publiziert werden, Abstimmungen oder Aufforderungen zu Direktnachrichten als Fragen-Sticker, die zu markenbindenden Interaktionen und Engagements in der Zielgruppe führen. Ebenso führen „Produkt-Reveals" oder kurzfristige Angebote mit Sales-Fokus zu mehr Followern und erhöhen auch die Absatzchance am Brand Touchpoint Instagram. Zudem können Unternehmens-Posts für eine Erhöhung der Reichweite in der Generation Z klassisch beworben werden. Wie bei YouTube sind auch Kollaborationen mit in der Zielgruppe beliebten Influencern auf Instagram empfehlenswert, bei denen die gleichen Videoformate wie bei YouTube für Instagram-Stories oder Instagram Videos (IGTV) gewählt und zusätzlich Fotos als Posts mit Verlinkung genutzt werden.

Eine Social-Media-Plattform, welche derzeit starkes Wachstum in der Alterskohorte verzeichnet, ist **TikTok** (ehemals musical.ly). Wer die junge Generation, insbesondere die Gen Z mit Marketingkommunikation erreichen möchte, kommt an dieser Plattform zukünftig nicht mehr vorbei. Kurze – oft humorvolle – Videoschnipsel von Nutzern und Influencern werden mit Hashtags versehen und geteilt. Der Vorteil zu anderen Social-Media-Netzwerken ist, dass Inhalte nicht nur von gefolgten Profilen angezeigt werden, sondern auch Content, der dem Nutzer laut TikTok-Algorithmus gefallen könnte: Marken können ihre Zielgruppe so auch erreichen, wenn diese ihnen nicht folgen. Das Engagement der Nutzer in der TikTok-App ist hoch, daher können Marken über „Hashtag-Challenges" aktuelle Kampagnen mit passenden Hashtags verlinken und Nutzer auffordern teilzunehmen. Bei großer Reichweite oder durch Budgetunterstützung landen diese dann im Entdecken-Bereich der Plattform. Die Nutzer wissen, dass sie durch die Teilnahme an viralen „Hashtag-Challenges" mit ihren eigenen Kurzvideos ebenfalls im Entdecken-Bereich landen können und dadurch wiederum ihre eigene Reichweite steigern können. Außerdem bieten „In-Feed Video Ads" die Möglichkeit, dass Werbung zwischen organischen Videos von TikTok-Nutzern angezeigt wird. (Gardt 2019; Schwab 2019).

Außer der Möglichkeit, Neuigkeiten zu erfahren und interaktiv zu sein, sollten der Gen Z an allen Brand Touchpoints individuelle **Angebote und exklusive Informationen** wie Gewinnspiele oder Angebote mit Swipe-up-Funktion kommuniziert werden (elbdudler 2018, S. 13; Hansen 2018). Um auch den Kaufprozess an den unterschiedlichen Touchpoints auf der digitalen Customer Journey so einfach wie möglich zu machen, sollten bei Produktposts „Jetzt-Kaufen"-Buttons, und in Apps die Möglichkeit der Zahlung via PayPal integriert sein (elbdudler 2018, S. 17; OC&C 2019, S. 29).

Eine weitere Beziehungsintensivierung zwischen Unternehmen und Gen-Z-Konsumenten bieten Auffordern, Belohnen und Reposten von **User Content** durch den sich die Jugendlichen von ihren Peers inspirieren lassen und eine Verbundenheit zur Marke als Markenbotschafter verstärken. Ein unternehmenseigener, produktindividueller oder kampagnenspezifischer Hashtag, mit dem die Gen-Z-User ihren Instagram-Content verlinken können, sorgt für reichweitenstarke Aufmerksamkeit und Multiplikation.

Zur **Personalisierung** des kommunizierten Contents sollten an den unterschiedlichen Brand Touchpoints die digitalen Daten der Nutzer in Echtzeit gesammelt und fortlaufend analysiert werden, um zum richtigen Zeitpunkt den richtigen Inhalt den passenden Nutzern auf ihrer Customer Journey anzuzeigen. „Big Data" und „Marketing Automation" erlauben eine individuelle Ansprache und Angebote aufgrund der Analyse des Nutzungsverhalten der Gen-Z-User und ihrer geografischen und soziodemografischen Daten, um eine zielgenaue, anonymisierte Personalisierung des Angebotes und der Individualisierung von Werbung zu erzeugen. Einsatzmöglichkeiten sind dabei z. B. personalisierte Ads im Retargeting sowie Website-Bausteine wie Überschriften, Call-to-Actions, Angebote und Bildsprache, die an den Nutzer angepasst werden (Grothusen 2019). Um einer möglichen Rückhaltung oder Verweigerung der Nutzung von persönlichen Daten entgegenzuwirken, sollten ehrlich, direkt und authentisch die Vorteile der Personalisierung den Mitgliedern der Gen Z kommuniziert werden.

Die meistgenutzte digitale Messenger-Plattform in der Generation Z ist **WhatsApp.** Dem Wunsch nach Einzigartigkeit, Direktheit und Personalisierung der Zielgruppe kann in diesem Kanal über den direkten Dialog zwischen Unternehmen und Konsument via ubiquitären und allzeitlichen Smartphones insbesondere im After Sale nachgegangen werden (elbdudler 2018, S. 6 f.). Auch intelligent eingesetzte **„Chatbots"** vereinfachen die quasi-persönliche Kommunikation mit der Gen Z und bauen eine parasoziale Beziehung durch den direkten Kontakt und die automatisierte Möglichkeit der Personalisierung von Nachrichten zu der Gen Z auf.

Der finale und damit wichtigste Brand Touchpoint auf der digitalen Customer Journey im eCommerce ist ein **Online- oder Web-Shop.** Als essenzieller Bestandteil einer unternehmerischen Marketingstrategie stellt eine Website mit einem **Online-Shop** nicht nur grundsätzlich einen zusätzlichen Point-of-Sale dar, sondern ist für die digital sozialisierten Jugendlichen der Gen Z eine Selbstverständlichkeit, die den Kaufprozess vereinfacht. Shop und Website müssen dabei den Ansprüchen der Gen Z gerecht werden, indem eine ausreichende Produktvielzahl und -vielfalt sowie genügend Produktanwendungen mit hochwertigen Bildern und ansprechenden Videos präsentiert werden.

Auch beim konkreten **Online-Shopping** sollten durch Nutzung von personalisierten Daten Inhalte und Angebote auf den potenziellen Gen-Z-Käufer angepasst werden und so ein personalisiertes Einkaufen ermöglichen, das wiederum die Einzigartigkeit des Konsumenten auch an diesem Touchpoint hervorhebt. Rezensionen von anderen Nutzern sollten Authentizität der Marke darstellen, zur „One Click"-Bezahlung sollte PayPal als der von der Generation Z bevorzugte Zahlungsweg integraler Bestandteil des Online-Shops sein. Auch im Pre- und After-Sale-Service sollte eine Chatfunktion angeboten sein, die eingeloggte Nutzer sofort erkennt und damit Kommunikations- und Bestellprozesse komfortabel digital erleichtert. Um dem „Mobile First"-Verhalten und Anspruch der Gen Z in Kommunikation und Kauf gerecht zu werden, ist das Angebot einer Unternehmens- oder Marken-App sinnvoll, um auch im Retail mobil vor Ort ein digitales Einkaufserlebnis zu schaffen. „Augmented Reality" als integrales Element im Shop oder in der App ermöglicht auf einer zusätzlichen Kommunikationsebene weitere Informationen und Visualisierungen, die ein besonderes Kauferlebnis für die Jugendlichen darstellen (OC&C 2019, S. 26).

Da auf ihrer Customer Journey die Mitglieder der Generation Z permanent und überall zwischen den Kanälen und Touchpoints wechseln, sollte eine grundsätzliche **Omnichannelstrategie** alle Kontaktpunkte der Zielgruppe mit der Marke in der Marketingkommunikation abdecken und integrieren. Die einerseits grundsätzlich authentischen und konsistenten Kampagnenbotschaften sollten dabei bei allem Effizienzstreben in der Mediaplanung aber kanalspezifisch sowie auf den Nutzer persönlich und situativ abgestimmt ausgespielt werden. Das digitale „Storytelling" der Marke sollte dabei in einer integrierten Marketingkommunikation Brand-Touchpoint-übergreifend die „große" Geschichte erzählen und zudem kanalspezifisch Kapitel oder „Stückchen" publizieren, um die Generation Z auch emotional an den unterschiedlichen Touchpoints markenloyalitätsstiftend anzusprechen. Für mit der Gen Z kommunizierende Unternehmen ist die Voraussetzung ein technisch funktionierendes „Big Data Warehouse" sowie ein organisiertes integratives Agieren der Bereiche IT, Marketing, Sales, Vertrieb und Kundenservice (Livadic 2018).

5.3 Integration in Markenstrategie

Die spezifische digitale Marketingkommunikation für die Zielgruppe Generation Z sollte planerisch, organisatorisch, personell, kulturell und informationell in die allgemeine Markenkommunikation des Unternehmens integriert sein, die wiederum Bestandteil der allgemeinen Markenstrategie ist (Bruhn 2014, S. 98 f.). In der Hierarchisierung der Kommunikationsziele wird im ersten Schritt auf der Zielebene die grundlegende strategische Positionierung der Marke in ein spezifisches Zielgruppenziel definiert, das durch die Maßnahmenziele in den jeweiligen Kommunikationsinstrumenten konkretisiert wird (Bruhn 2014, S. 135). Für die Marketingkommunikation mit der Zielgruppe Gen Z wird das Ziel, die Markenbekanntheit und Markenloyalität zu entwickeln und zu steigern, durch entsprechende Kommunikationsmaßnahmen an den Touchpoints des Unternehmens, des Produktes oder der Dienstleistung entlang der beschriebenen digitalen Customer Journey realisiert. Dabei ist ebenso herausfordernd wie entscheidend, dass die strategische Positionierung zu den Ansprüchen der Alterskohorte der Generation Z passt und die Corporate Identity authentisch, konsequent sowie konsistent an allen Brand Touchpoints umgesetzt wird.

Auf der Botschaftsplattform wird im zweiten Schritt die kommunikative Leitidee der Gesamtkommunikation der strategischen Positionierung der Marke in Kernaussagen konkretisiert, die als inhaltliche Einzelbotschaften auf Augenhöhe der Jugendlichen kommuniziert werden sollten. Dazu gehört, die Tonalität der Marketingkommunikation der Sprache der Jugendlichen anzupassen und z. B. Humor einzubinden, die Botschaften kurz und prägnant zu halten und kanalübergreifend zu kommunizieren (Bruhn 2014, S. 141).

Auf Ebene der Instrumente sind nach den die Gesamtkommunikation transportierenden Leitinstrumenten die Kristallisationsinstrumente für die erfolgreiche Adressierung mit der Zielgruppe Gen Z von zentraler Bedeutung, da diese einen starken Einfluss auf eine bestimmte Zielgruppe haben (Bruhn 2014, S. 142). Da die Markenstrategie für die Generation Z primär über digitale Medien und Kommunikationsmittel transportiert wird, sollten entsprechend auch die zielgruppenspezifischen Kernaussagen kongruent und kontinuierlich in digitaler und multimedialer Form crossmedial publiziert werden.

Summary und Ausblick

Die Generation Z ist für Unternehmen mit physischen und digitalen Produkt- und Dienstleistungsmarken eine ambivalente Zielgruppe: Einerseits relevant und interessant als wachsendes Konsumentenpotenzial, anderseits spezifisch und besonders in ihren Werten, Einstellungen und Verhaltensweisen, die so in dieser ausgeprägten Form in vorhergehenden Alterskohorten nicht feststellbar waren.

Typisch und sie von anderen Generationsgruppierungen differenzierend ist für die ab 1995 geborenen Konsumenten ihr

- digitales,
- ubiquitäres,
- omnitemporäres,
- crossmediales,
- non-lineares,
- vernetztes,
- technisch auf das Smartphone konzentriertes,
- Foto- und Bewegtbild bevorzugendes und
- direktes

Informations-, Kommunikations-, Such- und Kaufverhalten. Die Generation Z ist weiterhin

- zu 100 % digital sozialisiert,
- länderübergreifend in Werten, Anforderungen, Einstellungen und Kauf-kriterien homogen,
- tolerant, sozial verantwortungsvoll und bewusst konsumierend,
- viele und vielfältige persönliche und mediale Inspirationsquellen nutzend,

- sich an ihren Peers orientierend,
- andere Kommunikationspartner beeinflussend,
- eine breite Palette an Kaufkriterien anwendend,
- vernünftig an Preis und Qualität orientiert,
- gleichzeitig einen hohen Anspruch an Innovation, Nachhaltigkeit, Ungewöhnlichkeit und Persönlichkeit von Produkten erhebend,
- für sich persönliche Individualität und Einzigartigkeit wünschend und
- über den puren Verkauf hinausgehende authentische Markenerlebnisse suchend.

Eine effiziente, effektive und erfolgreiche Marketingkommunikation mit der Gen Z muss dementsprechend mit diesen typischen und abgrenzenden Charakteristika strategisch wie operativ umgehen und auf diese spezifische Zielgruppe noch fokussierter und flexibler eingehen als auf andere Alterskohorten.

Unternehmen, die ihre Produkte und Dienstleistung an die Generation Z vermarkten, sollten folgende zehn Tipps beachten:

- **„Be mobile"**! Machen Sie Ihre Angebote auf jedem Smartphone kauf-, konsumier- und kommunizierbar. Bedenken Sie die unterschiedlichen situativen Umgebungen Ihrer Marketingkommunikation.
- **„Be unique"**! Stellen Sie die Einzigartigkeit Ihrer Marke heraus. Schaffen Sie für die Gen Z individuelle, persönliche Angebote.
- **„Be hybrid"**! Bieten Sie physische wie digitale Produkte und Markenerlebnisse. Kommunizieren Sie auf allen Kanälen linear und non-linear.
- **„Be seamless"**! Vermarkten Sie Ihre Angebote im Omnichannel-Marketing. Schaffen Sie nahtlose Übergänge von einem Kanal zum anderen ohne Prozessbrüche bei Kommunikation und Kauf.
- **„Be relevant"**! Kreieren Sie für die Gen Z authentischen interessanten Content rund um Ihr Produkt. Erzählen Sie spannende Stories rund um Ihre Marke.
- **„Be authentic"**! Zeigen Sie über den Standard hinausgehendes überkorrektes Sozial- und Nachhaltigkeitsverhalten. Verhalten Sie sich ethisch authentisch und kommunizieren Sie transparent und jederzeit überprüfbar.
- **„Be live"**! Schaffen Sie überraschende Erlebnisse auf der Customer Journey. Lassen Sie die Gen Z Produkte, Marketing und Kommunikation real und virtuell beeindruckend durch Fotos und Videos erleben.
- **„Be influencable"**! Agieren Sie mit der Generation Z als selbstbewusste und kritische Konsumenten auf Augenhöhe. Lassen Sie sich von Reviews und Rezensionen konstruktiv beeinflussen.

- **„Be inspiring"**! Bieten Sie Angebote, die ein „Must" für die Gen Z sind. Publizieren Sie virale Kommunikation, die die Generation Z an „Friends & Family" weitermultipliziert.
- **„Be social"**! Binden Sie die Community der Gen Z in ihre Kommunikation und Vermarktung mit ein. Nutzen Sie netzwerkökonomisch Affiliates, Peer-to-Peer-Empfehler und Influencer.

Zukünftige Marketingkommunikation mit der Generation Z muss die kommunikationspsychologische Herausforderung managen, dass die aktuell entstehende neue Plattformökonomie als „Meta-Omnichannel" für eine wachsende Distanz zwischen Marke und Konsument, Unternehmen und Zielgruppe mit einer sinkenden Einflussmöglichkeit seitens der Markenführung sorgt. Gleichzeitig zeigt sich zumindest in der Gen Z, dass physische Marken mit multisensuellen Kontakten und Einkaufserlebnissen auch weiterhin Relevanz in einer sich zunehmend digitalisierenden Welt haben – insbesondere, wenn sie in der Lage sind, Omnichannel-Marketing erfolgreich umzusetzen (Melchior 2019).

Die Insights und Learnings aus dem Marketing mit der Generation Z stellen die Kompetenz- und Know-how-Basis für die zukünftige Marketingkommunikation mit der ihr nachfolgenden Alterskohorte, der sogenannten „Generation Alpha", dar. Diese Generation der ab 2010 Geborenen hat das Scrollen auf „digital devices" zum Teil schon gelernt, bevor sie sprechen konnte. Die Alpha-Generation ist im Gegensatz zur Gen Z schon in der Schule digitalisiert worden; sozialisiert mit Online-Learning und Fokussierung auf die digital geprägten MINT-Fächer (Mathematik, Informatik, Naturwissenschaft, Technik). Augmented Reality, Virtual Reality und künstliche Intelligenz in Produkten und Prozessen wird ihr privates, gesellschaftliches wie berufliches Leben prägen (McCrindle n. d.; Müller 2017). Und die Generation Alpha wird noch mehr als alle früheren Konsumenten-Generationen permanent vielfältigen Einflüssen und Eindrücken, Produkten und Werbungen in einem verschmelzenden Mix aus realen, virtuellen und digital erweiterten Lebens- und Marketingwelten ausgesetzt sein. Marketingkommunikation mit Generationen als Zielgruppe bleibt zukünftig spannend und herausfordernd.

Was Sie aus diesem *essential* mitnehmen können

- Die Generation Z ist eine attraktive, anspruchsvolle und global homogene Zielgruppe mit spezifischem, insbesondere digitalem Informations-, Kommunikations-, Such- und Kaufverhalten.
- Marketingkommunikation mit der Gen Z sollte primär mobil, auf Smartphonenutzung fokussiert, viral, vernetzt und kanalübergreifend mit Fotos und Videos realisiert werden.
- Unternehmen mit der Zielgruppe Generation Z sollten ein ethisch korrektes, nachhaltiges, authentisches, inspirierendes, einzigartiges, individuelles, bedeutsames, erlebnisreiches und wertiges Marketing umsetzen.

Literatur

Aaker, D., & Joachimsthaler, E. (2000). *Brand leadership*. New York, NY: Free Press.

Absatzwirtschaft. (2019). Cracking the Code to Teens: Die Generation Z tickt anders als erwartet, Werbung punktet mit Authentizität. https://www.absatzwirtschaft.de/cracking-the-code-to-teens-die-generation-z-tickt-anders-als-erwartet-und-will-sich-in-der-werbung-wiederfinden-152885/. Zugegriffen: 07. April 2020.

Absolventa. (2019). Generation XYZ – der Überblick über die Generationen auf dem Arbeitsmarkt. https://www.absolventa.de/karriereguide/berufseinsteiger-wissen/xyz-generationen-arbeitsmarkt-ueberblick. Zugegriffen: 07. April 2020.

Aduno-Gruppe. (2019). *Die BabyBoomer*. http://www.startup50plus.de/Resources/BabyBoomer_D.pdf. Zugegriffen: 07. April 2020.

Bruhn, M. (2014). *Unternehmens- und Marketingkommunikation: Handbuch für ein integriertes Kommunikationsmanagement* (3. Aufl.). München: Vahlen.

Bruhn, M. (2019). *Marketing: Grundlagen für Studium und Praxis* (14. Aufl.). Wiesbaden: Springer Gabler.

Bublitz, J. (2017). Wie die Generationen X und Y ticken. https://www.zukunftsinstitut-workshop.de/2017/05/wie-die-generationen-x-und-y-ticken/. Zugegriffen: 07. April 2020.

Burmann, C., Halaszovich, T. F., Schade, M., & Hemmann, F. (2015). *Identitätsbasierte Markenführung: Grundlagen - Strategie - Umsetzung - Controlling* (2. Aufl.). Wiesbaden: Springer Gabler.

Calmbach, M., Borgstedt, S., Borchard, I., Thomas, P. M., & Flaig, B. B. (2016). *Wie ticken Jugendliche 2016? Lebenswelten von Jugendlichen im Alter von 14 bis 17 Jahren in Deutschland*. Wiesbaden: Springer.

Collins, A. (2019). YouTube-Marketing. https://blog.hubspot.de/youtube-marketing. Zugegriffen: 07. April 2020.

Criteo. (2018). *Generation Z – der Report*. http://www.criteo.com/de/wp-content/uploads/sites/3/2018/06/GenZ_Report_DE.pdf. Zugegriffen: 07. April 2020.

elbdudler. (2018). *Jugendstudie 2018*. https://jugendstudie.elbdudler.de/files/elbdudler-jugendstudie-2018.pdf. Zugegriffen: 07. April 2020.

© Der/die Herausgeber bzw. der/die Autor(en), exklusiv lizenziert durch Springer Fachmedien Wiesbaden GmbH, ein Teil von Springer Nature 2020
M. Kleinjohann und V. Reinecke, *Marketingkommunikation mit der Generation Z*, essentials, https://doi.org/10.1007/978-3-658-30822-3

Esch, F.-R. (2014). Identität der Corporate Brand entwickeln und schärfen. In F.-R. Esch, T. Tomczak, J. Kernstock, T. Langner & J. Redler (Hrsg.), *Corporate Brand Management: Marken als Anker strategischer Führung von Unternehmen* (3. Aufl., S. 61–76). Wiesbaden: Springer Gabler.

Esch, F.-R. (2018). *Strategie und Technik der Markenführung* (9. Aufl.). München: Vahlen.

Esch, F.-R., & Knörle, C. (2016). Omni-Channel-Strategien durch Customer-Touchpoint-Management erfolgreich realisieren. In L. Binckebanck & R. Elste (Hrsg.), *Digitalisierung im Vertrieb: Strategien zum Einsatz neuer Technologien in Vertriebsorganisationen* (S. 123–137). Wiesbaden: Springer Gabler.

Esch, F.-R., Klein, J. F., Knörle, C., & Schmitt, M. (2014). Customer Touchpoint Management für Corporate Brands umsetzen. In F.-R. Esch, T. Tomczak, J. Kernstock, T. Langner & J. Redler (Hrsg.), *Corporate Brand Management: Marken als Anker strategischer Führung von Unternehmen* (3. Aufl., S. 427–448). Wiesbaden: Springer Gabler.

Fahey, L., & Narayanan, V. K. (1986). *Macroenvironmental analysis for strategic management.* St. Paul, MN: West.

Fromm, J. (2018). How much financial influence does Gen Z have? https://www.forbes.com/sites/jefffromm/2018/01/10/what-you-need-to-know-about-the-financial-impact-of-gen-z-influence/#1b47775356fc. Zugegriffen: 07. April 2020.

Fuchs, W., & Unger, F. (2014). *Management der Marketing-Kommunikation* (5. Aufl.). Berlin: Springer Gabler.

Funke, S.-O. (2019). *Influencer-Marketing: Strategie, Briefing, Monitoring.* Bonn: Rheinwerk.

Gardt, M. (2019). So erreichen deutsche First-Mover-Brands auf Tiktok Millionen junge Nutzer. https://omr.com/de/tiktok-kampagnen-deutschland-otto-bmw/. Zugegriffen: 07. April 2020.

Grabs, A., Bannour, K.-P., & Vogl, E. (2018). *Follow me! Erfolgreiches Social Media Marketing mit Facebook, Instagram, Pinterest und Co.* (5. Aufl.). Bonn: Rheinwerk.

Grothusen, T. (2019). Marketingtrend 2019: Echtzeit-Personalisierung. https://www.new-communication.de/neues/detail/marketing-2019-echtzeit-personalisierung/. Zugegriffen: 07. April 2020.

Gruppe Nymphenburg. (n.d.). Limbic®: Nutzen Sie die Vorteile des innovativen und einzigartigen Neuromarketing-Instrumentariums. https://www.nymphenburg.de/markenstrategie-markenberatung.html. Zugegriffen: 07. April 2020.

Hein, D. (2029). Generation Z verbringt mehr Zeit mit Social Media als mit Fernsehen. https://www.horizont.net/medien/nachrichten/studie-generation-z-verbringt-mehr-zeit-mit-social-media-als-mit-fernsehen-179851. Zugegriffen: 07. April 2020.

Heun, T. (2017). *Werbung.* Wiesbaden: Springer Gabler.

Hielscher, H., Steinkirchner, P., & Guldner, J. (2019). Die junge Generation wird den Konsum völlig verändern. https://www.wiwo.de/unternehmen/handel/greta-effekt-im-supermarkt-die-junge-generation-wird-den-konsum-voellig-veraendern/24225802.html. Zugegriffen: 07. April 2020.

IfD Allensbach. (n.d.). Die Allensbacher Markt- und Werbeträgeranalyse. https://www.ifd-allensbach.de/awa/startseite.html. Zugegriffen: 07. April 2020.

Illies, F. (2000). *Generation Golf: Eine Inspektion.* Berlin: Argon.

Internationales Zentralinstitut für das Jugend- und Bildungsfernsehen. (2019). *Grunddaten Jugend und Medien 2020: Aktuelle Ergebnisse zur Mediennutzung von Jugendlichen in Deutschland.* https://www.br-online.de/jugend/izi/deutsch/Grundddaten_Jugend_Medien.pdf. Zugegriffen: 07. April 2020.

Jahnke, M. (Hrsg.). (2018). *Influencer Marketing: Für Unternehmen und Influencer: Strategien, Plattformen, Instrumente, rechtlicher Rahmen.* Wiesbaden: Springer Gabler.

Jureit, U. (2006). *Generationenforschung.* Konstanz: UTB.

Kapferer, J.-H. (1992). *Die Marke: Kapital des Unternehmens.* Landsberg am Lech: Verl. Moderne Industrie.

Kleinjohann, M. (2020). *Marketingkommunikation mit Acoustic Branding.* Wiesbaden: Springer-Gabler.

Kobilke, K. (2019). *Marketing mit Instagram: Das umfassende Praxis-Handbuch* (4. Aufl.). Frechen: mitp.

Lammenett, E. (2020). *Online-Marketing-Konzeption* (5. Aufl.). Roetgen: Selbstverl.

Livadic, D. (2018). *Meet the Gen Z: Grundlagenstudie der die junge Zielgruppe.* https://www.ipsos.com/sites/default/files/ct/publication/documents/2018-04/rr0218_meet_the_gen_z.pdf. Zugegriffen: 07. April 2020.

McCrindle. (n.d.). Gen Z and Gen Alpha infographic update. https://mccrindle.com.au/insights/blogarchive/gen-z-and-gen-alpha-infographic-update/. Zugegriffen: 07. April 2020.

Mehn, A., & Wirtz, V. (2018). Stand der Forschung: Entwicklung von Omnichannel-Strategien als Antwort auf neues Konsumentenverhalten. In I. Böckenholt, A. Mehn & A. Westermann (Hrsg.), *Konzepte und Strategien für Omnichannel-Exzellenz: Innovatives Retail-Marketing mit mehrdimensionalen Vertriebs- und Kommunikationskanälen* (S. 3–35). Wiesbaden: Springer Gabler.

Melchior, L. (2019). Generation Z sieht Amazon zunehmend skeptisch. https://www.internetworld.de/e-commerce/zahlen-studien/generation-z-sieht-amazon-zunehmend-skeptisch-2329101.html. Zugegriffen: 07. April 2020.

Michelis, D. (2014). *Der vernetzte Konsument: Grundlagen des Marketing im Zeitalter partizipativer Unternehmensführung.* Wiesbaden: Springer Gabler.

Mörstedt, A.-B. (2017). *Erwartungen der Generation Z an die Unternehmen.* https://www.pfh.de/fileadmin/Content/PDF/forschungspapiere/vortrag-generation-z-moerstedt-ihk-goettingen.pdf. Zugegriffen: 07. April 2020.

Müller, C. C. (2017). Wer ist eigentlich diese Generation Alpha? https://www.wuv.de/marketing/wer_ist_eigentlich_diese_generation_alpha. Zugegriffen: 07. April 2020.

Nirschl, M., & Steinberg, L. (2018). *Einstieg in das Influencer Marketing: Grundlagen, Strategien und Erfolgsfaktoren.* Wiesbaden: Springer Gabler.

OC&C. (2019). Eine Generation ohne Grenzen: Generation Z wird erwachsen. https://www.occstrategy.com/media/1904/eine-generation-ohne-grenzen_.pdf. Zugegriffen: 07. April 2020.

Schnettler, J., & Wendt, G. (2009). *Werbung planen: Konzeption, Media und Kreation* (3. Aufl.). Berlin: Cornelsen.

Schuhmann, T. (2018). Wie funktioniert eigentlich Video Advertising auf YouTube? https://www.trafficdesign.de/knowhow/google-adwords/wie-funktioniert-eigentlich-video-advertising-auf-youtube. Zugegriffen: 07. April 2020.

Schwab, I. (2019). TikTok-Influencer überraschen mit hohem Engagement. https://www. wuv.de/tech/tiktok_influencer_ueberraschen_mit_hohem_engagement. Zugegriffen: 07. April 2020.

Schweiger, G., & Schrattenecker, G. (2017). *Werbung: Eine Einführung* (9. Aufl.). Konstanz: UVK.

Sinus. (n.d.). Sinus Markt- und Sozialforschung. https://www.sinus-institut.de. Zugegriffen: 07. April 2020.

von Gizycki, V., & Elias, C. A. (Hrsg.). (2018). *Omnichannel Branding: Digitalisierung als Basis erlebnis- und beziehungsorientierter Markenführung*. Wiesbaden: Springer Gabler.

W&V. (2019). Sehnsucht nach Ordnung: Generation Z tickt anders als erwartet. https:// www.wuv.de/marketing/sehnsucht_nach_ordnung_generation_z_tickt_anders_als_ erwartet. Zugegriffen: 07. April 2020.

Zukunfts-Institut. (n.d.). Lebensstile Mapping. https://futureroom.network/resonance/. Zugegriffen: 07. April 2020.

Printed in the United States
By Bookmasters